भगवद्गीता

भगवद्गीता

भगवद्गीता का सरस, काव्यमय हिन्दी भावानुवाद
मूल संस्कृत श्लोकों सहित

यह पुस्तक पहले 'नागर गीता' नाम से प्रकाशित हुई थी

हरिवंशराय बच्चन

राजपाल

₹ 550
ISBN : 9788170288039

BHAGWADGITA (Poetry) by Harivanshrai Bachchan
(Poetic Hindi translation of *Bhagwadgita*)

चित्रांकन : नरेन्द्र श्रीवास्तव

मुद्रक : जी.एस. ऑफसेट, दिल्ली

राजपाल एण्ड सन्ज़
1590, मदरसा रोड, कश्मीरी गेट, दिल्ली–110006
फोन : 011–23869812, 23865483, 23867791
e-mail : sales@rajpalpublishing.com
www.rajpalpublishing.com
www.facebook.com/rajpalandsons

सम्बोधन

अपने नाम से एक और कृति आज आपके हाथों में रखते हुए मुझे बड़ी प्रसन्नता हो रही है। यह एक तरह से गीता का अनुवाद है।

गीता भारत के जीवन से इतने अनिवार्य रूप से संबद्ध है कि उसे किसी भी अभिनव रूप में उपस्थित करने के लिए किसी क्षमा-याचना की आवश्यकता नहीं। आदि शंकराचार्य से विनोबा भावे तक भारत के सर्वोच्च मनीषियों ने उसका गुणानुवाद किया है। अज्ञात अथवा अल्पज्ञातों का, उस्तादों के महागान में, सुनते-सुनते, अपना भी कोई सुर छेड़ देना एक ऐसी कमज़ोरी है जिसे समझा जा सकता है। इसी प्रवृत्ति के उदाहरण-स्वरूप इस अनुवाद को समझा जाए।

इसे देखकर इसके पूर्व किए गए गीता के मेरे एक अन्य अनुवाद की याद आपको आना स्वाभाविक है। उस अनुवाद को मैंने 'जन गीता' कहा था; इस अनुवाद को मैंने 'नागर गीता' कहा है। वह अवधी भाषा में किया गया था, यह खड़ी बोली में है। वह भाषा के समय-सिद्ध छंदों में था–दोहा, सोरठा, चौपाई, छंद में; यह खड़ी बोली गद्य की एक प्रयोगात्मक लय में बद्ध है–प्रयोगात्मक होकर भी सहज, जिसे मैं हिन्दी की आधारभूत लय मानता हूँ, जैसे आयंबिक पेंटामीटर को अंग्रेज़ी पद्य, गद्य, बोली की, मोटे तौर से, आधारभूत लय। इसे सिद्ध करने के लिए तर्क प्रस्तुत करने का यह स्थान नहीं। किसी नाम विशेष के अभाव में, आप चाहें तो, गीता के संदर्भ को ध्यान में रखते हुए, इसे 'नारायण नर' अथवा 'कृष्ण धनंजय' लय कह सकते हैं जिसका अनुसरण कर पूरी 'नागर गीता' चलती है। 'जन गीता' में मैंने अपने को गीता का 'प्रतिध्वनिकार' कहा था; इसमें मैं अपने को 'रूपांतरकार' कह रहा हूँ। उसके आमुख को मैंने 'मंगलाचरण' कहा था; इसको 'सम्बोधन' कह रहा हूँ–'सम्बोधन' का अर्थ सम्बोधित करने तक सीमित नहीं।

यह सब अंतर अनायास ही नहीं है। कुछ विशेष बातें मेरे अंतर्मन में रही हैं जिन्होंने मुझसे ऐसा कराया है। उन्हें आप चाहें तो ध्येय की संज्ञा भी दे सकते हैं। जो मेरा ध्येय हो, वह पूरा भी हो, यह आवश्यक नहीं है। जो पूरा हो उतना ही मेरा ध्येय ठीक था, ऐसा मैं मानना चाहूँगा। ध्येय के पूर्ण अथवा अपूर्ण होने में अपना समय लगता है। वह समय मेरी जीवन-सीमा के बाहर भी हो सकता है, अंदर भी। समय का स्थायी निर्णय प्रायः मंद होता है। तब अभी से उसकी परिकल्पना कर यदि मैं उसकी कांक्षा करूँ या उससे विद्वेष तो मेरी मूढ़ता होगी। मेरे वर्तमान और भविष्य के—यदि रहे तो—पाठकों के लिए तथ्य और कल्पना—दोनों इस संबंध में सहायक सिद्ध हो सकेंगी; इसलिए यह कार्य उन्हीं पर।

फिर भी एक मोटी बात की ओर संकेत करना, मैं समझता हूँ, अनुचित न होगा। जो मेरे दोनों अनुवादों को यथेष्ट सहानुभूति से पढ़ेंगे उनको स्वयं ऐसा आभास होगा।

गीता किसी जड़ पुस्तक का नाम नहीं है। कुछ लोग शायद उसे अमर पुस्तक कहना चाहें। सजीव अथवा सप्राण पुस्तक कहकर कुछ लोगों को संतोष हो सकता है। मेरे लिए, और शायद बहुतों के लिए, गीता पुस्तक है ही नहीं। वह जीवित-जाग्रत व्यक्ति है, जैसे अपना कोई संगी-साथी; और उसका अपना भाव और विचार जगत है, जैसे किसी व्यक्ति का हृदय और मस्तिष्क होता है। 'जन गीता' में मैंने उसके हृदय के कुछ तारों को झंकृत करने का दुःसाहस किया था; 'नागर गीता' में मैंने उसके मस्तिष्क की कुछ शिराओं को स्पर्श करने का प्रयास किया है। सफलता-असफलता की बात सोचने की गीता मनाही करती है। कम-से-कम इन कृतियों के संबंध में तो ऐसा ही सोचूँ। 'स्वान्तःसुखाय' अथवा 'स्वान्तस्तमः शान्तये' भी मैंने इन कृतियों को प्रस्तुत किया हो तो मैंने कुछ अनुचित नहीं किया। मुझ साधारण का 'स्व' ऐसा नहीं हा सकता कि किसी भी 'पर' से मेल न खाए। फिर भी आपके स्वागत, उपेक्षा—दोनों के लिए ये तैयार हैं; यानी, दोनों के प्रति उदासीन।

'जन और नागर' शब्दों के समाज पक्ष की ओर भी आपका ध्यान जाना स्वाभाविक है। ग्राम और नगरों में बँटा यह महादेश क्या हृदय और बुद्धि में ही बँटा नहीं है? शायद मेरी अवचेतना ने सकारण ही जनगण और नागरिकों के लिए दो विभिन्न माध्यमों से एक ही कृति प्रस्तुत की है। बुद्धि और हृदय का ऐसा विभाजन स्वस्थ और हितकर नहीं। स्वस्थ और हितकर तो यह होगा कि नागरिकों के पास ग्रामीणों का थोड़ा हृदय आए, ग्रामीणों के पास नागरिकों

की थोड़ी बुद्धि जाए। प्रतीक रूप से 'जन गीता' नगरों में भी प्रतिध्वनित हो; 'नागर गीता' के दर्शन ग्रामों में भी हों। हृदय और बुद्धि में संतुलन रखना गीता के समत्व योग के अंतर्गत ही आएगा।

भावों को उद्वेलित और विचारों को उद्बुद्ध करने के लिए ध्वनि और रूपज्योति के माध्यम क्रमशः अधिक उपयुक्त समझे गए हैं। दोनों को एक साथ देखने-सुननेवाले को 'सों-ल्यूमिनेज़' (साउंड-ल्यूमिनेशन) की-सी अनुभूति हो सकती है। अधिकारी पाठकों को ऐसी अनुभूति कराने में ये कृतियाँ कहाँ तक सक्षम हो सकेंगी, यह कहना मेरे लिए कठिन है। सृजन करके सर्जक का काम समाप्त हो जाता है; कृतियाँ बाद को यथाशक्ति-सामर्थ्य अपना दायित्व सँभालें। अनुवाद को सृजन मैं पहली बार नहीं कह रहा हूँ।

'नागर गीता' के मुखरित होने में प्रेरणा उन्हीं काष्ठमौनी स्वामी जी महाराज की रही है जिनकी प्रेरणा से 'जन गीता' रेखांकित हुई थी।

'जन गीता' के तीसरे संस्करण को अंतिम रूप से संशोधित और परिष्कृत कराने के लिए अक्टूबर 1964 में जब उन्होंने मुझे अपने पास बुलाया तो उन्होंने संकेत किया कि 'जन गीता' का अनुवाद खड़ी बोली गद्य में भी किया जाना चाहिए। यद्यपि यह काम वे मुझसे कराना नहीं चाहते थे, फिर भी उनकी अनिच्छावत् किसी इच्छा की पूर्ति में मैं निमित्त बन सकूँ तो मुझे संतोष होता है। मैंने सोचा यह काम मैं ही करूँगा। बाद को मुझे ध्यान आया कि मैं अनुवाद का अनुवाद क्या करूँ; सीधे गीता से ही खड़ी बोली में अनुवाद क्यों न करूँ। बीच में मेरे कवि मन ने उसे लयबद्ध गद्य में प्रस्तुत करने का भार लिया। खड़ी बोली में गीता के अनेक अनुवाद हैं। विचार-विश्लेषण को लयबद्ध रखकर गीता की वाणी को खड़ी बोली में भी एक विशेष गौरव-गरिमा दी जा सकती है। कम-से-कम उसे देने का प्रयास किया जा सकता है। नागर गीता वही प्रयास है।

26 जनवरी, 1966 को, बसंत के दिन, मैंने 'नागर गीता' की पांडुलिपि स्वामी जी महाराज के चरणों में रखी। उसके कुछ अंशों ने उन्हीं के सान्निध्य में अंतिम रूप ग्रहण किया। उनकी प्रतिक्रिया से किसी को प्रभावित करने की बात मेरे मन में नहीं। मुझे इतना ही कहना है—प्रशासन की शब्दावली में—कि उनसे 'क्लियरेंस' प्राप्त कर ही यह आपके सामने रखी जा रही है।

कृतज्ञता-ज्ञापन किसी भी कर्म-यज्ञ का शांति-पाठ है, या होना चाहिए। गीता को समझने में मैं जिन ग्रंथों की सहायता लेता रहा हूँ उनके नाम गिना अपने स्वाध्याय की व्यापकता प्रदर्शित करना नहीं चाहता। बाबा तुलसीदास के

एक दोहे की याद आ गई है; उससे अधिक उपयुक्त शब्दों में उनके प्रति कृतज्ञता ज्ञापित नहीं की जा सकती।

अति अपार जे सरितवर जौं नृप सेतु कराहिं,
चढ़ि पिपीलिकउ परम लघु बिनु श्रम पारहिं जाहिं।

पर गीता ग्रंथों से पूर्णतया समझने की वस्तु नहीं। उसके लिए तो किसी ऐसे सिद्ध के संपर्क की आवश्यकता है जो गीता-स्वरूप हो। वह साधन से अधिक सौभाग्य से मिलता है–'सो सब साधन ते नहिं होई।' काष्ठमौनी स्वामी जी का दर्शन मेरा वही सौभाग्य है। उनके संपर्क में आकर भी 'जन गीता' और 'नागर गीता' में त्रुटियाँ रह जाएँ तो यही समझना चाहिए कि 'फूलै फरै न बेंत जदपि सुधा बरिसहिं जलद'। उनके प्रति कृतज्ञता व्यक्त करने के लिए मेरे पास शब्द नहीं, नमन है। मैं उनको मनः नमन करता हूँ; यह उन्हें पहुँचता भी है। 'तस्मात्प्रणम्य प्रणिधाय कायं' मैं इस 'नागर गीता' यज्ञ का शांति-पाठ करता हूँ।

काष्ठमौनी स्वामीजी महाराज से 'क्लियरेंस' प्राप्त करने में श्री चिम्मन लाल गोस्वामी और श्री शिवनाथ दुबे से मुझे जो सहायता प्राप्त हुई है उसके लिए उनके प्रति भी नतमस्तक हूँ।

और अंत में स्वस्ति-वाचन के रूप में–जैसे 'जन गीता' से मैंने आपके लिए आनंद की, वैसे 'नागर गीता' से आपके लिए जागृति की कामना करता हूँ। इससे अपने जीवन-पथ के लिए आपको कोई क्षीण ज्योति भी प्राप्त हुई तो उससे मैं अपना ही जीवन-पथ प्रकाशमान मानूँगा।

13, विलिंगडन क्रिसेंट
नई दिल्ली
अप्रैल 1966

क्रम

भगवद्गीता

अध्याय 1

अर्जुनविषाद योग

संजय से धृतराष्ट्र ने कहा,
धर्मक्षेत्र में, कुरुक्षेत्र में,
समरेच्छा से हुए इकट्ठे,
मेरे और पांडुपुत्रों ने
जो कुछ किया,
बताओ, संजय। (1)

संजय बोले,
व्यूहबद्ध पांडव-सेना को
राजा दुर्योधन ने देखा,
फिर आचार्य द्रोण के सम्मुख जाकर
उनसे ऐसा बोले। (2)

धर्मक्षेत्रे कुरुक्षेत्रे समवेता युयुत्सवः।
मामकाः पाण्डवाश्चैव किमकुर्वत संजय ॥1॥

दृष्ट्वा तु पाण्डवानीकं व्यूढं दुर्योधनस्तदा।
आचार्यमुपसङ्गम्य राजा वचनमब्रवीत् ॥2॥

‘हे आचार्य,
पाण्डुपुत्रों की
इस महती सेना को देखें;
इसे
आपके शिष्य,
द्रुपद के पुत्र सुधी ने
व्यूहबद्ध कर खड़ा किया है (3)

इसमें समरांगण में अर्जुन-भीम सरीखे
महा धनुर्धर शूरवीर हैं—
सात्यकि हैं,
विराट हैं,
राजा द्रुपद, ख्यात जो महारथी हैं (4)

धृष्टकेतु औ’ चेकितान हैं,
वीर्यवान काशीपति,
पुरुजित्, कुंतिभोज हैं
और शैव्य हैं, जो नरपुंगव (5)

पश्यैतां पाण्डुपुत्राणामाचार्य महतीं चमूम्।
व्यूढां द्रुपदपुत्रेण तव शिष्येण धीमता ॥3॥

अत्र शूरा महेष्वासा भीमार्जुनसमा युधि।
युयुधानो विराटश्च द्रुपदश्च महारथः ॥4॥

धृष्टकेतुश्चेकितानः काशिराजश्च वीर्यवान्।
पुरुजित्कुन्तिभोजश्च शैव्यश्च नरपुङ्गवः ॥5॥

औ’ पराक्रमी युधामन्यु हैं,
और उत्तमौजा बलशाली,
और वीर अभिमन्यु,
पंच सुत द्रुपद सुता के–
ये सारे ही महारथी हैं (6)

अपने दल में भी विशिष्ट जो उन्हें,
द्विजोत्तम,
आप जान लें;
अपनी सेना के जो नायक हैं,
अब उनके नाम
आपको बतलाता हूँ (7)

आप स्वयं हैं,
भीष्म, कर्ण हैं,
समरविजेता कृपाचार्य हैं,
अश्वत्थामा हैं,
विकर्ण हैं,
सोमदत्त-सुत–भूरिश्रवा– हैं (8)

युधामन्युश्च विक्रान्त उत्तमौजाश्च वीर्यवान् ।
सौभद्रो द्रौपदेयाश्च सर्व एव महारथाः ॥6॥

अस्माकं तु विशिष्टा ये तान्निबोध द्विजोत्तम ।
नायका मम सैन्यस्य संज्ञार्थं तान् ब्रवीमि ते ॥7॥

भवान् भीष्मश्च कर्णश्च कृपश्च समितिंजयः ।
अश्वत्थामा विकर्णश्च सौमदत्तिस्तथैव च ॥8॥

विविध अस्त्र-शस्त्रों से सज्जित
और बहुत से शूरवीर हैं—
युद्ध-विशारद;
सब मेरे हित
प्राण हथेली पर रक्खे हैं (9)

भीष्म-सुरक्षित
सबल हमारी सेना
दुर्जय सब प्रकार है,
और भीम-रक्षित
इनकी यह सारी सेना
सुगम जेय है। (10)

आप लोग सब
अपने-अपने सभी मोर्चों पर
अविचल रह
भीष्म पितामह की ही रक्षा में
तत्पर हों। (11)

अन्ये च बहवः शूरा मदर्थे त्यक्तजीविताः।
नानाशस्त्रप्रहरणाः सर्वे युद्धविशारदाः ॥9॥

अपर्याप्तं तदस्माकं बलं भीष्माभिरक्षितम्।
पर्याप्तं त्विदमेतेषां बलं भीमाभिरक्षितम् ॥10॥

अयनेषु च सर्वेषु यथाभागमवस्थिताः।
भीष्ममेवाभिरक्षन्तु भवन्तः सर्व एव हि ॥11॥

इसपर
कौरव-वृद्ध प्रतापी भीष्म पितामह ने
गर्जन कर सिंहनाद सम
उच्चस्वर से शंख बजाया,
दुर्योधन के अंतस्तल में हर्ष जगाया (12)

एक साथ फिर
शंख, भेरियाँ,
ढोल, मृदंग, नृसिंह बज उठे,
शब्द तुमुल अंबर में छाया (13)

तब सफ़ेद घोड़ों के
उत्तम रथ में बैठे
कृष्ण और अर्जुन ने अपने
दिव्य-रूप-स्वर शंख बजाए (14)

तस्य संजनयन् हर्षं कुरुवृद्धः पितामहः ।
सिंहनादं विनद्योच्चैः शङ्खं दध्मौ प्रतापवान् ॥12॥

ततः शङ्खाश्च भेर्यश्च पणवानकगोमुखाः ।
सहसैवाभ्यहन्यन्त स शब्दस्तुमुलोऽभवत् ॥13॥

ततः श्वेतैर्हयैर्युक्ते महति स्यन्दने स्थितौ ।
माधवः पाण्डवश्चैव दिव्यौ शङ्खौ प्रदध्मतुः ॥14॥

हृषीकेश ने पांचजन्य को,
गुडाकेश ने देवदत्त को,
और वृकोदर, भीमकर्म, ने
पौंड्र नाम के महाशंख को
किया निनादित (15)

कुंती-पुत्र युधिष्ठिर ने
जो शंख बजाया,
उसका नाम अनन्तविजय है;
नकुल और सहदेव सहोदर ने जो,
वे सुघोष-मणिपुष्पक
कहलाते हैं (16)

पाञ्चजन्यं हृषीकेशो देवदत्तं धनंजयः ।
पौण्ड्रं दध्मौ महाशङ्खं भीमकर्मा वृकोदरः ॥15॥

अनन्तविजयं राजा कुन्तीपुत्रो युधिष्ठिरः ।
नकुलः सहदेवश्च सुघोषमणिपुष्पकौ॥16॥

श्रेष्ठ धनुर्धर काशिराज ने,
शूर शिखंडी महारथी ने,
धृष्टद्युम्न, राजा विराट ने,
अपराजित सात्यकि ने,
औ' नरपाल द्रुपद ने,
और द्रौपदी के पुत्रों ने,
महाबाहु अभिमन्यु बली ने,
हे पृथिवीपति,—सब लोगों ने
अपने-अपने शंख बजाए (17-18)

उन शंखों के
तुमुल घोष ने
पृथ्वी-नभ शब्दायमान कर
महाराज के पुत्रों के उर
दीर्ण कर दिए (19)

काश्यश्च परमेष्वासः शिखण्डी च महारथः ।
धृष्टद्युम्नो विराटश्च सात्यकिश्चापराजितः ॥17॥

द्रुपदो द्रौपदेयाश्च सर्वशः पृथिवीपते ।
सौभद्रश्च महाबाहुः शङ्खान्दध्मुः पृथक्पृथक्॥18॥

स घोषो धार्तराष्ट्राणां हृदयानि व्यदारयत् ।
नभश्च पृथिवीं चैव तुमुलो व्यनुनादयन्॥19॥

राजन्,
इसके बाद
कपिध्वज पाण्डु-पुत्र ने
महाराज के पुत्रों को देखा
जो रण में खड़े हुए थे,
और शस्त्र-संचालन-वेला में
वे अपना धनुष उठाकर
हृषीकेश से ऐसा बोले,
'अच्युत,
मेरे रथ को
दोनों सेनाओं के बीच कीजिए। (20-21)

देखूँ तो उनको
जो सम्मुख युद्ध-कामना से आए हैं,
कौन-कौन हैं
जो इस रण में
मुझसे लड़ने के लायक हैं, (22)

अथ व्यवस्थितान्दृष्ट्वा धार्तराष्ट्रान् कपिध्वजः।
प्रवृत्ते शस्त्रसम्पाते धनुरुद्यम्य पाण्डवः ॥20॥

हृषीकेशं तदा वाक्यमिदमाह महीपते।
सेनयोरुभयोर्मध्ये रथं स्थापय मेऽच्युत॥21॥

यावदेतान्निरीक्षेऽहं योद्धुकामानवस्थितान्।
कैर्मया सह योद्धव्यमस्मिन् रणसमुद्यमे॥22॥

जो इस रण में
बुद्धिहीन दुर्योधन के जय-कामी बन
लड़ने आए हैं,
अच्युत,
मैं सबको देखूँगा' (23)

गुडाकेश की बिनती सुनकर
हृषीकेश ने
उत्तम रथ को
लाकर दोनों सेनाओं के बीच
भीष्म औ' द्रोण और सब नरपतियों के
सम्मुख रोक दिया,
फिर बोले,
'पार्थ, कौरवों का दल देखो
जो कि यहाँ समवेत हुआ है (24-25)

योत्स्यमानानवेक्षेऽहं य एतेऽत्र समागताः।
धार्तराष्ट्रस्य दुर्बुद्धेर्युद्धे प्रियचिकीर्षवः ॥23॥

एवमुक्तो हृषीकेशो गुडाकेशेन भारत।
सेनयोरुभयोर्मध्ये स्थापयित्वा रथोत्तमम्॥24॥

भीष्मद्रोणप्रमुखतः सर्वेषां च महीक्षिताम्।
उवाच पार्थ पश्यैतान् समवेतान् कुरूनिति॥25॥

तत्रापश्यत्स्थितान् पार्थः पितॄनथ पितामहान्।
आचार्यान्मातुलान्भ्रातॄन्पुत्रान्पौत्रान्सखींस्तथा॥26॥

पृथा-पुत्र ने
दोनों सेनाओं में
अपने पितामहों को,
और पितृव्यों, आचार्यों को,
मामों, भ्राताओं को, पुत्रों औ' पौत्रों को
श्वसुर, सुहृद, मित्रों को देखा (26-27)

कुंती-सुत ने
समर-भूमि में
सभी बंधुओं को जब देखा,
उर में अतिशय करुणा जागी,
औ' विषाद से भारी मन से ऐसा बोले (28)

यहाँ पर समरोन्मुख स्वजनों को पाकर
मेरा तन कंपित हो रोमांचित होता है,
अंग शिथिल होते हैं,
मुख सूखा जाता है (29)

श्वशुरान् सुहृदश्चैव सेनयोरुभयोरपि।
तान् समीक्ष्य स कौन्तेयः सर्वान् बन्धूनवस्थितान्॥27॥

कृपया परयाविष्टो विषीदन्निदमब्रवीत्।
दृष्ट्वेमं स्वजनं कृष्ण युयुत्सुं समुपस्थितम्॥28॥

सीदन्ति मम गात्राणि मुखं च परिशुष्यति।
वेपथुश्च शरीरे मे रोमहर्षश्च जायते॥29॥

देह जली जाती,
मन ऐसा भ्रमित हो रहा,
खड़ा नहीं मैं रह सकता हूँ,
गांडीव को मेरा हाथ सँभाल न पाता (30)

हे केशव,
सब लक्षण भी विपरीत दीखते,
रण में स्वजनों का वध कर
कल्याण नहीं मैं देख रहा हूँ (31)

कृष्ण,
विजय मैं नहीं चाहता,
औ' न राज्य ही,
और न सुख ही,
हे गोविंद,
राज्य, भोगों से,
जीवन से भी,
नहीं प्रयोजन कोई मुझको (32)

गाण्डीवं स्रंसते हस्तात्त्वक्चैव परिदह्यते।
न च शक्नोम्यवस्थातुं भ्रमतीव च मे मनः॥30॥

निमित्तानि च पश्यामि विपरीतानि केशव।
न च श्रेयोऽनुपश्यामि हत्वा स्वजनमाहवे॥31॥

न काङ्क्षे विजयं कृष्ण न च राज्यं सुखानि च।
किं नो राज्येन गोविन्द किं भोगैर्जीवितेन वा॥32॥

जिनके कारण
राज्य, भोग औ' सुख इच्छित हैं,
वे ही रण में
धन-प्राणों की आशा तजकर
खड़े हुए हैं– (33)

गुरुजन, दादे,
ताऊ, चाचे, मामे,
बेटे, पोते,
और ससुर औ' साले
औ' सारे मेरे संबंधी (34)

मधुसूदन,
त्रैलोक्य-राज्य के लिए–
भूमि किस गिनती में है–
इन्हें मारना नहीं चाहता,
यदि ये मुझको मारें तो भी (35)

येषामर्थे काङ्क्षितं नो राज्यं भोगाः सुखानि च।
त इमेऽवस्थिता युद्धे प्राणांस्त्यक्त्वा धनानि च॥33॥

आचार्याः पितरः पुत्रास्तथैव च पितामहाः।
मातुलाः श्वशुराः पौत्राः श्यालाः संबन्धिनस्तथा॥34॥

एतान्न हन्तुमिच्छामि घ्नतोऽपि मधुसूदन।
अपि त्रैलोक्यराज्यस्य हेतोः किं नु महीकृते॥35॥

क्या प्रसन्नता होगी
इन धृतराष्ट्र-सुतों को मार,
जनार्दन?
वध कर भी
इन आततायियों का
हमको पाप ही लगेगा (36)

इससे, हे माधव,
स्वबन्धु धृतराष्ट्र-सुतों को
हमें मारना नहीं चाहिए।
फिर, स्वजनों को मार
सुखी हम कैसे होंगे? (37)

यद्यपि लोभोपहत-चित्त ये
नहीं देखते
दोष कुलक्षय का,
पातक भी मित्र-द्रोह का, (38)

निहत्य धार्तराष्ट्रान्नः का प्रीतिः स्याज्जनार्दन।
पापमेवाश्रयेदस्मान् हत्वैतानाततायिनः॥36॥

तस्मान्नार्हा वयं हन्तुं धार्तराष्ट्रान् स्वबान्धवान्।
स्वजनं हि कथं हत्वा सुखिनः स्याम माधव॥37॥

यद्यप्येते न पश्यन्ति लोभोपहतचेतसः।
कुलक्षयकृतं दोषं मित्रद्रोहे च पातकम्॥38॥

तो भी
कुल-क्षय दोष जानने वाले जो हम,
क्यों इस पातक से
हटने की बात न सोचें? (39)

कुल-क्षय से
कुल-धर्म सनातन मिट जाते हैं,
और धर्म के मिट जाने से,
कृष्ण,
अधर्म समूचे कुल पर छा जाता है (40)

जब अधर्म छा जाता है तब
कुल स्त्रियाँ दूषित हो जातीं,
औ' दूषित हो जाने से वे,
कृष्ण,
वर्णसंकर को जन्म दिया करती हैं (41)

कथं न ज्ञेयमस्माभिः पापादस्मान्निवर्तितुम्।
कुलक्षयकृतं दोषं प्रपश्यद्भिर्जनार्दन॥39॥

कुलक्षये प्रणश्यन्ति कुलधर्माः सनातनाः।
धर्मे नष्टे कुलं कृत्स्नमधर्मोऽभिभवत्युत॥40॥

अधर्माभिभवात्कृष्ण प्रदुष्यन्ति कुलस्त्रियः।
स्त्रीषु दुष्टासु वार्ष्णेय जायते वर्णसङ्करः ॥41॥

और वर्णसंकर
कुल को, कुल-घातक को भी
नरक लोक में पहुँचा देते;
पिण्ड और जल-वंचित
इनके पितर लोग भी
गिर जाते हैं (42)

कृष्ण,
वर्णसंकरकारी इन दोषों से
कुल-घातक लोगों के
शाश्वत कुल-जाति धर्म,
निश्चय, मिट जाते (43)

और, जनार्दन,
हमने ऐसा सुन रक्खा है,
जिन लोगों का
जाति-धर्म, कुल-धर्म उठ गया,
उन्हें नरक से कभी नहीं छुटकारा मिलता (44)

सङ्करो नरकायैव कुलघ्नानां कुलस्य च।
पतन्ति पितरो ह्येषां लुप्तपिण्डोदकक्रियाः ॥42॥

दोषैरेतैः कुलघ्नानां वर्णसङ्करकारकैः।
उत्साद्यन्ते जातिधर्माः कुलधर्माश्च शाश्वताः॥43॥

उत्सन्नकुलधर्माणां मनुष्याणां जनार्दन।
नरकेऽनियतं वासो भवतीत्यनुशुश्रुम॥44॥

कृष्ण, शोक है,
महापाप यह करने को जो
हम उद्यत हैं–
राज्य और सुख पाने को जो
स्वजनों का वध करने को तैयार हुए हैं (45)

बिना शस्त्र औ' बिना लड़े मैं
अगर समर में
शस्त्रपाणि धृतराष्ट्र-सुतों से मारा जाता,
तो भी मेरे लिए क्षेमकर (46)

ऐसा कहकर,
धनुष-बाण तज,
रण-स्यंदन के पृष्ठ भाग में
शोक-विकल अर्जुन जा बैठे (47)

अहो बत महत्पापं कर्तुं व्यवसिता वयम् ।
यद्राज्यसुखलोभेन हन्तुं स्वजनमुद्यताः॥45॥

यदि मामप्रतीकारमशस्त्रं शस्त्रपाणयः ।
धार्तराष्ट्रा रणे हन्युस्तन्मे क्षेमतरं भवेत्॥46॥

एवमुक्त्वार्जुनः संख्ये रथोपस्थ उपाविशत् ।
विसृज्य सशरं चापं शोकसंविग्नमानसः॥47॥

अध्याय 2

सांख्य योग

करुणा-विगलित, शोकाकुल
अर्जुन की आँखों को
आँसू से भरी देखकर,
महाराज,
मधुसूदन बोले, (1)

'अर्जुन,
इस विषमस्थल में तुम
क्यों अज्ञानी बन बैठे हो?–
यह न आर्यपथ,
यह न कीर्तिकर,
यह न स्वर्गप्रद (2)

तं तथा कृपयाविष्टमश्रुपूर्णाकुलेक्षणम।
विषीदन्तमिदं वाक्यमुवाच मधुसूदनः॥1॥

कुतस्त्वा कश्मलमिदं विषमे समुपस्थितम्।
अनार्यजुष्टमस्वर्ग्यमकीर्तिकरमर्जुन ॥2॥

पार्थ,
क्लैब्य को मत अपनाओ,
तुम्हें नहीं यह शोभा देता,
क्षुद्र हृदय की दुर्बलता को त्याग
खड़े हो (3)

अर्जुन बोले,
'हे मधुसूदन,
समर भूमि में
भीष्म-द्रोण पर बाण चलाकर
किस प्रकार मैं युद्ध करूँगा।
हे अरिसूदन,
वे दोनों ही पूजनीय हैं (4)

क्लैब्यं मा स्म गमः पार्थ नैतत्त्वय्युपपद्यते।
क्षुद्रं हृदयदौर्बल्यं त्यक्त्वोत्तिष्ठ परंतप॥3॥

कथं भीष्ममहं संख्ये द्रोणं च मधुसूदन।
इषुभिः प्रतियोत्स्यामि पूजार्हावरिसूदन॥4॥

गुरुजन महानुभावों की
हत्या से बचकर,
मुझे लोक में
भिक्षा पर भी जीना हो तो
श्रेयस्कर है।
गुरुओं का वध करके भी मैं
रक्त से सने
अर्थ-काम के
भोगों को ही तो भोगूँगा (5)

क्या करना
है श्रेष्ठ हमारे लिए,
हमें यह ज्ञात नहीं है,
औ' न यही
हम जीतेंगे या वे जीतेंगे।
क्या विडम्बना!–
जिन्हें मारकर
हम जीना भी नहीं चाहते,
आज उन्हीं धृतराष्ट्र-सुतों को
हम रण-सम्मुख देख रहे हैं (6)

गुरूनहत्वा हि महानुभावाञ्छ्रेयो भोक्तुं भैक्ष्यमपीह लोके।
हत्वार्थकामांस्तु गुरूनिहैव भुञ्जीय भोगान् रुधिरप्रदिग्धान्॥5॥

न चैतद्विद्मः कतरन्नो गरीयो यद्वा जयेम यदि वा नो जयेयुः।
यानेव हत्वा न जिजीविषाम स्तेऽवस्थिताः प्रमुखे
धार्तराष्ट्राः॥6॥

कायरता
मेरे स्वभाव में समा गई है,
औ' स्वधर्म में संशय मुझको;
इसीलिए मैं पूछ रहा हूँ,
जो निश्चय श्रेयस्कर हो
वह मुझे बताएँ,
शिष्य आपका हूँ, शरणागत,
पथ दिखलाएँ (7)

भू पर
धन-सम्पन्न, अकंटक राज्य,
स्वर्ग में अमरों पर स्वामित्व
प्राप्त कर लेने पर भी,
वह उपाय मैं नहीं देखता
जिससे मेरे
इन्द्रिय-शोषक शोक दूर हों, (8)

हृषीकेश से
गुडाकेश ऐसा कहकर के,
राजन्, उनसे फिर यों बोले,
'नहीं करूँगा युद्ध!'
और वे मौन हो रहे (9)

कार्पण्यदोषोपहतस्वभावः पृच्छामि त्वां धर्मसंमूढचेताः।
यच्छ्रेयः स्यान्निश्चितं ब्रूहि तन्मे शिष्यस्तेऽहं शाधि मां त्वां प्रपन्नम्॥7॥

न हि प्रपश्यामि ममापनुद्याद्यच्छोकमुच्छोषणमिन्द्रियाणाम्।
अवाप्य भूमावसपत्नमृद्धं राज्यं सुराणामपि चाधिपत्यम्॥8॥

एवमुक्त्वा हृषीकेशं गुडाकेशः परंतप।
न योत्स्य इति गोविन्दमुक्त्वा तूष्णीं बभूव ह॥9॥

इस पर, भारत,
हँसते-जैसे
हृषीकेश ने
दोनों सेनाओं के बीच
दुखी अर्जुन से
वचन कहे ये– (10)

'शोक मनाना
उचित नहीं है जिन पर,
उन पर शोक मनाता है,
प्रज्ञावादी बनता है!
जो पण्डित हैं
मृत-मर्त्यों पर शोक न करते (11)

और
न तो ऐसा ही है,
मैं किसी काल में न था,
न था तू,
या ये राजा लोग नहीं थे,
और न ऐसा ही है
हम सब इससे आगे नहीं रहेंगे (12)

तमुवाच हृषीकेशः प्रहसन्निव भारत।
सेनयोरुभयोर्मध्ये विषीदन्तमिदं वचः॥10॥

अशोच्यानन्वशोचस्त्वं प्रज्ञावादांश्च भाषसे।
गतासूनगतासूंश्च नानुशोचन्ति पण्डिताः॥11॥

न त्वेवाहं जातु नासं न त्वं नेमे जनाधिपाः।
न चैव न भविष्यामः सर्वे वयमतः परम्॥12॥

जैसे देही
देह धार
कौमार, युवा-वृद्धावस्था का
अनुभव करता,
वैसे ही देहान्तर पाता।
इसके कारण
धीर नहीं मोहित होते हैं (13)

कौन्तेय,
संयोग
इन्द्रियों औ' विषयों के,
शीत-उष्ण-सुख-दुःखद,
भंगुर हैं, अनित्य हैं;
इन्हें सहन कर (14)

हे पुरुषर्षभ,
सुख-दुख एक समझने वाला
धीर पुरुष जो
इनसे व्यथित नहीं होता है,
वह अमृतत्व प्राप्त करता है (15)

देहिनोऽस्मिन् यथा देहे कौमारं यौवनं जरा।
तथा देहान्तरप्राप्तिर्धीरस्तत्र न मुह्यति॥13॥

मात्रास्पर्शास्तु कौन्तेय शीतोष्णसुखदुःखदाः।
आगमापायिनोऽनित्यास्तांस्तितिक्षस्व भारत॥14॥

यं हि न व्यथयन्त्येते पुरुषं पुरुषर्षभ।
समदुःखसुखं धीरं सोऽमृतत्वाय कल्पते॥15॥

सत् का ही अस्तित्व,
असत् अस्तित्व-रहित है;
इन दोनों को पूर्ण रूप से
तत्त्वदर्शियों ने देखा है (16)

अविनाशी
तू उसे जान,
जिससे यह सारा विश्व व्याप्त है;
उस अव्यय का
नाश नहीं कोई कर सकता (17)

नाश रहित,
निस्सीम,
नित्य देही के सब तन
अंतवंत ही कहे गए हैं।
समर न कर तू
अमर उन्हें कर नहीं सकेगा।
अर्जुन, फिर क्यों
समर न कर तू (18)

नासतो विद्यते भावो नाभावो विद्यते सतः।
उभयोरपि दृष्टोऽन्तस्त्वनयोस्तत्त्वदर्शिभिः॥16॥

अविनाशि तु तद्विद्धि येन सर्वमिदं ततम्।
विनाशमव्ययस्यास्य न कश्चित्कर्तुमर्हति॥17॥

अन्तवन्त इमे देहा नित्यस्योक्ताः शरीरिणः।
अनाशिनोऽप्रमेयस्य तस्माद्युध्यस्व भारत॥18॥

इसे मानता है जो हंता,
और इसे जो हता समझता,
वे दोनों ही नहीं जानते;
यह न कभी हत होता
और न हंता बनता (19)

यह न कभी जन्मता, न मरता,
होकर फिर से होना
इसकी प्रकृति नहीं है,
यह शाश्वत, अज, नित्य, पुरातन;
तन हनने से
इसका हनन नहीं होता है (20)

पृथा-पुत्र,
जो उसे
अजन्मा, अव्यय, नित्य तथा
अविनाशी जाना करता,
कैसे किसका हनन कराता,
कैसे किसका हंता बनता? (21)

य एनं वेत्ति हन्तारं यश्चैनं मन्यते हतम्।
उभौ तौ न विजानीतो नायं हन्ति न हन्यते॥19॥

न जायते म्रियते वा कदाचिन्नायं भूत्वा भविता वा न भूयः।
अजो नित्यः शाश्वतोऽयं पुराणो न हन्यते हन्यमाने शरीरे॥20॥

वेदाविनाशिनं नित्यं य एनमजमव्ययम्।
कथं स पुरुषः पार्थ कं घातयति हन्ति कम्॥21॥

जीर्ण वसन
तजकर नर जैसे
नए वस्त्र धारण करता है,
जीर्ण देह
तजकर वैसे ही
देही नव तन धारण करता (22)

शस्त्र नहीं छेदन कर सकते
इस देही का,
पावक इसको जला न सकता,
पानी इसको भिगा न सकता,
मारुत इसको सुखा न सकता (23)

यह अशोष्य,
अक्लेद्य,
अदाह्य,
अकाट्य, नित्य है—
अचल, सर्वगत, स्थाणु, सनातन (24)

वासांसि जीर्णानि यथा विहाय
नवानि गृह्णाति नरोऽपराणि।
तथा शरीराणि विहाय जीर्णान्यन्यानि
संयाति नवानि देही॥22॥

नैनं छिन्दन्ति शस्त्राणि नैनं दहति पावकः।
न चैनं क्लेदयन्त्यापो न शोषयति मारुतः॥23॥

अच्छेद्योऽयमदाह्योऽयमक्लेद्योऽशोष्य एव च।
नित्यः सर्वगतः स्थाणुरचलोऽयं सनातनः॥24॥

इसे कहा जाता
अव्यक्त, अचिंत्य तथा अविकारी;
इससे
इसी रूप में इसे जानकर
किसी तरह से
शोक मनाना उचित नहीं है (25)

यदि तू इसको
नित्य जन्मने-मरने वाला माने तो भी,
इस प्रकार से
शोक मनाना उचित नहीं है (26)

जन्मे की
ध्रुव मृत्यु,
मरे का होना है
ध्रुव जन्म, पृथा-सुत;
अपरिहार्य इस गति पर तुझको
शोक मनाना उचित नहीं है (27)

अव्यक्तोऽयमचिन्त्योऽयमविकार्योऽयमुच्यते ।
तस्मादेवं विदित्वैनं नानुशोचितुमर्हसि॥25॥

अथ चैनं नित्यजातं नित्यं वा मन्यसे मृतम् ।
तथापि त्वं महाबाहो नैवं शोचितुमर्हसि॥26॥

जातस्य हि ध्रुवो मृत्युर्ध्रुवं जन्म मृतस्य च ।
तस्मादपरिहार्येऽर्थे न त्वं शोचितुमर्हसि॥27॥

आदि पूर्व,
अवसान बाद
अव्यक्त सभी प्राणी हैं,
केवल व्यक्त मध्य में;
तब क्या चिन्ता? (28)

कोई ही
इसको अचरज की भाँति देखता,
कोई ही
इसको अचरज की भाँति बताता,
कोई ही
इसको अचरज की भाँति
श्रवण करता है,
कोई-कोई
इसको सुनने पर भी नहीं जानता (29)

सब देहों में
बसने वाला देही
नित्य अवध्य;
इसी से
किसी के लिए
शोक मनाना उचित नहीं है (30)

अव्यक्तादीनि भूतानि व्यक्तमध्यानि भारत।
अव्यक्तनिधनान्येव तत्र का परिदेवना॥28॥

आश्चर्यवत्पश्यति कश्चिदेनमाश्चर्यवद्वदति तथैव चान्यः।
आश्चर्यवच्चैनमन्यः शृणोति श्रुत्वाप्येनं वेद न चैव कश्चित्॥29॥

देही नित्यमवध्योऽयं देहे सर्वस्य भारत।
तस्मात्सर्वाणि भूतानि न त्वं शोचितुमर्हसि॥30॥

फिर
स्वधर्म का भी विचार कर
तेरे लिए विकंपित होना
उचित नहीं है;
क्षत्रिय के हित
धर्मयुद्ध से बढ़कर कोई श्रेय नहीं है (31)

पार्थ,
प्राप्त जो स्वयं हुआ है,
और स्वर्ग का खुला द्वार जो,
इस प्रकार के धर्मयुद्ध को
भाग्यवान क्षत्रिय ही पाते (32)

और अगर यह
धर्म समर तू नहीं करेगा,
तो स्वधर्म औ' सुयश गँवाकर,
पार्थ, पाप का भागी होगा (33)

स्वधर्ममपि चावेक्ष्य न विकम्पितुमर्हसि।
धर्म्याद्धि युद्धाच्छ्रेयोऽन्यत्क्षत्रियस्य न विद्यते॥31॥

यदृच्छया चोपपन्नं स्वर्गद्वारमपावृतम्।
सुखिनः क्षत्रियाः पार्थ लभन्ते युद्धमीदृशम्॥32॥

अथ चेत्त्वमिमं धर्म्यं संग्रामं न करिष्यसि।
ततः स्वधर्मं कीर्तिं च हित्वा पापमवाप्स्यसि॥33॥

औ' तेरी अपकीर्ति
बहुत दिन
लोग रहेंगे कहते-सुनते।
पाण्डु-पुत्र,
अपकीर्ति इस तरह की
मानी के लिए
मरण से अधिक बुरी है (34)

महारथी
जो बड़ा मानते थे तुझको,
छोटा मानेंगे,
और कहेंगे,
भय के कारण
समर भूमि से तू भागा था (35)

तेरे बैरी,
तेरे बल की
हँसी उड़ाते,
बहुत न कहने योग्य कहेंगे;
उससे अधिक दुखद क्या होगा (36)

अकीर्तिं चापि भूतानि कथयिष्यन्ति तेऽव्ययाम्।
सम्भावितस्य चाकीर्तिर्मरणादतिरिच्यते॥34॥

भयाद्रणादुपरतं मंस्यन्ते त्वां महारथाः।
येषां च त्वं बहुमतो भूत्वा यास्यसि लाघवम्॥35॥

अवाच्यवादांश्च बहून् वदिष्यन्ति तवाहिताः।
निन्दन्तस्तव सामर्थ्यं ततो दुःखतरं नु किम्॥36॥

मारा जाकर स्वर्ग,
विजेता होकर पृथ्वी को भोगेगा;
इस कारण तू
युद्ध के लिए कृतनिश्चय,
कौन्तेय,
खड़ा हो (37)

सुख-दुख,
लाभालाभ,
जयाजय,
एक समान समझकर यदि तू
युद्ध के लिए उद्यत होगा,
नहीं पाप का भागी होगा (38)

सांख्य-बुद्धि यह
तुझे बताई गई,
श्रवण कर योग-बुद्धि अब,
जिससे अपने कर्मबन्ध
तू काट सकेगा (39)

**हतो वा प्राप्स्यसि स्वर्गं जित्वा वा भोक्ष्यसे महीम् ।
तस्मादुत्तिष्ठ कौन्तेय युद्धाय कृतनिश्चयः॥37॥**

**सुखदुःखे समे कृत्वा लाभालाभौ जयाजयौ ।
ततो युद्धाय युज्यस्व नैवं पापमवाप्स्यसि॥38॥**

**एषा तेऽभिहिता सांख्ये बुद्धिर्योगे त्विमां शृणु ।
बुद्ध्या युक्तो यया पार्थ कर्मबन्धं प्रहास्यसि॥39॥**

इसमें बीज-विनाश नहीं है,
और न उल्टा फल होता है;
स्वल्प धर्म भी यह
भारी भय से
उद्धार करा देता है (40)
अर्जुन, इसमें निश्चयात्मिका
बुद्धि एक है, और बुद्धियाँ
निश्चयहीनों की
बहु शाखा मय,
अनन्त हैं (41)

ये अज्ञानी लोग, सकामी,
वेदवादरत, स्वर्गलुब्ध जो,
पुष्पित वाणी बोल-बोलकर
अपनी-अपनी शाखा
सर्वश्रेष्ठ बताते—
बहुल क्रियाओं में फैली-सी,
भोगैश्वर्यों की छाया की,
जन्मकर्मफल देने वाली (42-43)

नेहाभिक्रमनाशोऽस्ति प्रत्यवायो न विद्यते।
स्वल्पमप्यस्य धर्मस्य त्रायते महतो भयात्॥40॥

व्यवसायात्मिका बुद्धिरेकेह कुरुनन्दन।
बहुशाखा ह्यनन्ताश्च बुद्धयोऽव्यवसायिनाम्॥41॥

यामिमां पुष्पितां वाचं प्रवदन्त्यविपश्चितः।
वेदवादरताः पार्थ नान्यदस्तीति वादिनः॥

कामात्मानः स्वर्गपरा जन्मकर्मफलप्रदाम्।
क्रियाविशेषबहुलां भोगैश्वर्यगतिं प्रति॥42-43॥

अर्जुन,
उनकी पुष्पित वाणी से विमुग्ध हो,
भोगैश्वर्यों के प्रति
होते हैं प्रसक्त जो,
उनके अन्दर निश्चयात्मिका बुद्धि नहीं है (44)
वेद त्रिगुण-विषयी हैं,
पर तू त्रिगुण-रहित,
निर्द्वंद्व, नित्य-सत्त्वस्थ,
तथा निर्योगक्षेम हो,
आत्मवान बन (45)
भरा सरोवर पा जाने पर
स्वल्प ताल से
जितना मतलब रह जाता है,
ब्रह्मज्ञानी ब्राह्मण का
वेदों से उतना ही रह जाता (46)
कर्मों पर अधिकार तुझे है,
कभी न फल पर;
तू न कर्मफल अनुरागी बन,
और न कर्मों से विरक्त हो (47)

भोगैश्वर्यप्रसक्तानां तयापहृतचेतसाम्।
व्यवसायात्मिका बुद्धिः समाधौ न विधीयते॥44॥

त्रैगुण्यविषया वेदा निस्त्रैगुण्यो भवार्जुन।
निर्द्वन्द्वो नित्यसत्त्वस्थो निर्योगक्षेम आत्मवान्॥45॥

यावानर्थ उदपाने सर्वतः सम्प्लुतोदके।
तावान् सर्वेषु वेदेषु ब्राह्मणस्य विजानतः॥46॥

कर्मण्येवाधिकारस्ते मा फलेषु कदाचन।
मा कर्मफलहेतुर्भूर्मा ते सङ्गोऽस्त्वकर्मणि॥47॥

अर्जुन,
तू आसक्ति छोड़कर,
सिद्धि-असिद्धि समान मानकर,
योगस्थित हो
कर्मों को कर;
योग समत्व कहा जाता है (48)

बुद्धियोग से
कर्मफलाशा
कहीं तुच्छ है;
बुद्धियोग की शरण ग्रहण कर;
कर्मफलाशी महा दीन हैं (49)

बुद्धियुक्त जो
सुकृत-कुकृत—दोनों को
छोड़ यहीं जाता है;
बुद्धियोग के लिए यत्न कर;
अर्जुन, योग कर्मकौशल है (50)

योगस्थः कुरु कर्माणि सङ्गं त्यक्त्वा धनंजय।
सिद्ध्यसिद्ध्योः समो भूत्वा समत्वं योग उच्यते॥48॥

दूरेण ह्यवरं कर्म बुद्धियोगाद्धनंजय।
बुद्धौ शरणमन्विच्छ कृपणाः फलहेतवः॥49॥

बुद्धियुक्तो जहातीह उभे सुकृतदुष्कृते।
तस्माद्योगाय युज्यस्व योगः कर्मसु कौशलम्॥50॥

बुद्धियोग संयुक्त मनीषी
कर्मज फल तज,
जन्मबन्ध से मुक्त,
अनामय पद पाते हैं (51)

बुद्धि पार कर लेगी तेरी
मोह-कलिल जब,
तब श्रोतव्य तथा श्रुत के प्रति
राग न तुझमें रह जाएगा (52)

योग प्राप्त होगा तब तुझको,
जब तेरी श्रुति-विचल बुद्धि
थिर हो जाएगी,
अचल और निश्चल,
समाधि में (53)

कर्मजं बुद्धियुक्ता हि फलं त्यक्त्वा मनीषिणः।
जन्मबन्धविनिर्मुक्ताः पदं गच्छन्त्यनामयम्॥51॥

यदा ते मोहकलिलं बुद्धिर्व्यतितरिष्यति।
तदा गन्तासि निर्वेदं श्रोतव्यस्य श्रुतस्य च॥52॥

श्रुतिविप्रतिपन्ना ते यदा स्थास्यति निश्चला।
समाधावचला बुद्धिस्तदा योगमवाप्स्यसि॥53॥

ऐसा सुनकर अर्जुन बोले,
'समाधिस्थ
स्थितप्रज्ञ पुरुष के
लक्षण क्या हैं?
सुस्थिरबुद्धि किस तरह चलता,
किस प्रकार बैठता,
बोलता कैसे, केशव (54)

हृषीकेश, उत्तर में, बोले,
'पार्थ, जिस समय पुरुष
मनोगत सभी कामनाएँ तज देता,
अपने में अपने से ही सन्तुष्ट, उस समय
वह स्थितप्रज्ञ कहा जाता है (55)

सुख में विगतस्पृह,
दुःखों में अनुद्विग्नमन,
राग-रोष-भय से विमुक्त मुनि
सुस्थिरबुद्धि कहा जाता है (56)

स्थितप्रज्ञस्य का भाषा समाधिस्थस्य केशव।
स्थितधीः किं प्रभाषेत किमासीत व्रजेत किम्॥54॥

प्रजहाति यदा कामान् सर्वान् पार्थ मनोगतान्।
आत्मन्येवात्मना तुष्टः स्थितप्रज्ञस्तदोच्यते॥55॥

दुःखेष्वनुद्विग्नमनाः सुखेषु विगतस्पृहः।
वीतरागभयक्रोधः स्थितधीर्मुनिरुच्यते॥56॥

जो शुभ से
सुख अनुभव करता नहीं,
अशुभ से
द्वेष न करता,
और कहीं पर भी
जिसकी आसक्ति नहीं है,
उसकी प्रज्ञा प्रतिष्ठिता है (57)

सभी ओर से
जो अपनी इन्द्रियाँ
इन्द्रियों के विषयों से
सिमटा लेता,
जैसे कच्छप निज अंगों को,
उसकी प्रज्ञा प्रतिष्ठिता है (58)

निराहार देही के
विषय निवर्तित होते,
पर न विषयरस;
उसके रस भी
परम ब्रह्म को देख
निवर्तित हो जाते हैं (59)

यः सर्वत्रानभिस्नेहस्तत्तत्प्राप्य शुभाशुभम्।
नाभिनन्दति न द्वेष्टि तस्य प्रज्ञा प्रतिष्ठिता॥57॥

यदा संहरते चायं कूर्मोऽङ्गानीव सर्वशः।
इन्द्रियाणीन्द्रियार्थेभ्यस्तस्य प्रज्ञा प्रतिष्ठिता॥58॥

विषया विनिवर्तन्ते निराहारस्य देहिनः।
रसवर्जं रसोऽप्यस्य परं दृष्ट्वा निवर्तते॥59॥

बस में करने के प्रयत्न में लगे हुए,
जो बुद्धिमान हैं
उनका भी मन
प्रमथनकारी प्रबल इन्द्रियाँ,
बेबस करके हर लेती हैं (60)

इससे, इन सब को बस में कर,
योगयुक्त हो, मुझमें रत हो,
क्योंकि इन्द्रियाँ बस में जिसकी,
उसकी प्रज्ञा प्रतिष्ठिता है (61)

विषयों का चिन्तन करने से
उनके प्रति आसक्ति उपजती,
उससे जन्म कामना लेती,
उससे जन्म क्रोध का होता,
फिर उससे सम्मोह उपजता,
उससे स्मृतिविभ्रम हो जाता,
उससे बुद्धि नष्ट हो जाती,
जिससे सर्वनाश हो जाता (62-63)

यततो ह्यपि कौन्तेय पुरुषस्य विपश्चितः।
इन्द्रियाणि प्रमाथीनि हरन्ति प्रसभं मनः॥60॥

तानि सर्वाणि संयम्य युक्त आसीत मत्परः।
वशे हि यस्येन्द्रियाणि तस्य प्रज्ञा प्रतिष्ठिता॥61॥

ध्यायतो विषयान् पुंसः सङ्गस्तेषूपजायते।
सङ्गात्सञ्जायते कामः कामात्क्रोधोऽभिजायते॥62॥

क्रोधाद्भवति सम्मोहः सम्मोहात्स्मृतिविभ्रमः।
स्मृतिभ्रंशाद् बुद्धिनाशो बुद्धिनाशात्प्रणश्यति॥63॥

किन्तु विधेयात्मा,
विमुक्त हो राग-द्वेष से,
अपने बस की हुई इन्द्रियों से
विषयों का सेवन करता,
प्रसन्नता अनुभव करता है (64)

उस प्रसन्नता से
उसके सब दुख कट जाते;
बुद्धि शीघ्र
सुस्थिर हो जाती (65)

जो अयुक्त होता है उसमें
बुद्धि न होती है न भावना;
जहाँ भावना का अभाव है
शान्ति नहीं है,
और जहाँ पर शान्ति नहीं है
वहाँ कहाँ सुख (66)

रागद्वेषवियुक्तैस्तु विषयानिन्द्रियैश्चरन्।
आत्मवश्यैर्विधेयात्मा प्रसादमधिगच्छति॥64॥

प्रसादे सर्वदुःखानां हानिरस्योपजायते।
प्रसन्नचेतसो ह्याशु बुद्धिः पर्यवतिष्ठते॥65॥

नास्ति बुद्धिरयुक्तस्य न चायुक्तस्य भावना।
न चाभावयतः शान्तिरशान्तस्य कुतः सुखम॥66॥

अपने-अपने विषय भोगती हुई
इन्द्रियों में
जिसका भी अनुगत
उसका मन होता है,
वही उस पुरुष की
प्रज्ञा को हर ले जाती,
जैसे वायु नाव को जल में (67)

जिसकी सब इन्द्रियाँ
सर्वथा
अपने-अपने विषय-भोग से
खिंची हुई हैं,
उसकी प्रज्ञा प्रतिष्ठिता है (68)

सबके लिए निशा जो
उसमें, पार्थ,
संयमी जागा करता;
जिसमें सब जागते
तत्त्व के ज्ञाता मुनि के लिए
निशा वह (69)

इन्द्रियाणां हि चरतां यन्मनोऽनु विधीयते।
तदस्य हरति प्रज्ञां वायुर्नावमिवाम्भसि॥67॥

तस्माद्यस्य महाबाहो निगृहीतानि सर्वशः।
इन्द्रियाणीन्द्रियार्थेभ्यस्तस्य प्रज्ञा प्रतिष्ठिता॥68॥

या निशा सर्वभूतानां तस्यां जागर्ति संयमी।
यस्यां जाग्रति भूतानि सा निशा पश्यतो मुनेः॥69॥

नद-नदियों से
नित्य भरे जाने पर भी ज्यों
अंबुधि
अचल प्रतिष्ठित रहता,
उसी तरह से
सर्व कामनाएँ
जिसमें जा, लय हो जातीं
शान्ति वही पाता,
न काम से विचलित प्राणी (70)

जो सम्पूर्ण कामनाएँ तज
निर्मम, निरहंकार और निस्पृह
रहता है,
अर्जुन,
शान्ति वही पाता है (71)

ऐसी ब्रह्मस्थिति को पाकर
वह फिर नहीं विमोहित होता;
अन्तकाल में भी
ऐसी ब्रह्मस्थिति में रह
ब्रह्मानन्द उसे मिलता है (72)

आपूर्यमाणमचलप्रतिष्ठं समुद्रमापः प्रविशन्ति यद्वत्।
तद्वत्कामा यं प्रविशन्ति सर्वे स शान्तिमाप्नोति नकामकामी॥70॥

विहाय कामान्यः सर्वान्पुमांश्चरति निःस्पृहः।
निर्ममो निरहङ्कारः स शान्तिमधिगच्छति॥71॥

एषा ब्राह्मी स्थितिः पार्थ नैनां प्राप्य विमुह्यति।
स्थित्वास्यामन्तकालेऽपि ब्रह्मनिर्वाणमृच्छति॥72॥

अध्याय 3

कर्म योग

ऐसा सुनकर अर्जुन बोले,
'अगर मानते आप,
कर्म से बुद्धि श्रेष्ठ है,
तो, हे केशव,
घोर कर्म में
क्यों मुझको विनियोजित करते (1)

ऐसे मिश्रित वचनों को सुन
मेरी बुद्धि विमोहित होती;
एक सुनिश्चित बात बताएँ
जिसमें मेरा श्रेय निहित हो (2)

ज्यायसी चेत्कर्मणस्ते मता बुद्धिर्जनार्दन।
तत्किं कर्मणि घोरे मां नियोजयसि केशव॥1॥

व्यामिश्रेणेव वाक्येन बुद्धिं मोहयसीव मे।
तदेकं वद निश्चित्य येन श्रेयोऽहमाप्नुयाम्॥2॥

हृषीकेश, उत्तर में, बोले,
'इस जगती में
दो प्रकार की निष्ठाओं की
पहले मैंने चर्चा की है;
ज्ञानी जन की सांख्ययोग की,
योगी जन की कर्मयोग की (3)

सिर्फ़ कर्म के
अनारम्भ से
निष्कर्मता नहीं मिल जाती;
और कर्म के
त्याग मात्र से सिद्धि न मिलती (4)

कोई ऐसा नहीं
किसी भी क्षण
अकर्मकृत् जो रहता हो।
जगती में सब
प्रकृति-गुणों से परवश
कर्म किया करते हैं (5)

लोकेऽस्मिन्द्विविधा निष्ठा पुरा प्रोक्ता मयानघ।
ज्ञानयोगेन सांख्यानां कर्मयोगेन योगिनाम्॥3॥

न कर्मणामनारम्भान्नैष्कर्म्यं पुरुषोऽश्नुते।
न च संन्यसनादेव सिद्धिं समधिगच्छति॥4॥

न हि कश्चित्क्षणमपि जातु तिष्ठत्यकर्मकृत।
कार्यते ह्यवशः कर्म सर्वः प्रकृतिजैर्गुणैः॥5॥

जो विमूढ़
निज कर्म इन्द्रियों पर
संयम रख,
इन्द्रिय-विषयों का
मन से चिन्तन करता है,
वह मिथ्याचारी कहलाता (6)

जो मन से
इन्द्रियाँ स्ववश कर,
अनासक्त हो,
सभी इन्द्रियाँ कर्मयोग में
योजित करता,
वही श्रेष्ठ है (7)

नियत कर्म कर तू,
अकर्म से कर्म श्रेष्ठ है।
फिर
अकर्म से
यह शरीर-यात्रा कब सधती (8)

कर्मेन्द्रियाणि संयम्य य आस्ते मनसा स्मरन्।
इन्द्रियार्थान्विमूढात्मा मिथ्याचारः स उच्यते॥6॥

यस्त्विन्द्रियाणि मनसा नियम्यारभतेऽर्जुन।
कर्मेन्द्रियैः कर्मयोगमसक्तः स विशिष्यते॥7॥

नियतं कुरु कर्म त्वं कर्म ज्यायो ह्यकर्मणः।
शरीरयात्रापि च ते न प्रसिद्ध्येदकर्मणः॥8॥

यज्ञ-कर्म को छोड़
कर्म सब बन्धनकारी;
कौन्तेय, तू
मुक्तसंग
यज्ञार्थ कर्म कर (9)

यज्ञ-प्रजा को
साथ-साथ रच,
पुरा प्रजापति यों बोले थे,–
बढ़ो यज्ञ से
और यज्ञ हो
तुम लोगों को
इष्टकामधुक् (10)

देव यज्ञ से,
तुम देवों से
उन्नत होते हुए परस्पर,
परम श्रेय को,
प्राप्त करोगे (11)

यज्ञार्थात्कर्मणोऽन्यत्र लोकोऽयं कर्मबन्धनः।
तदर्थं कर्म कौन्तेय मुक्तसङ्गः समाचर॥9॥

सहयज्ञाः प्रजाः सृष्ट्वा पुरोवाच प्रजापतिः।
अनेन प्रसविष्यध्वमेष वोऽस्त्विष्टकामधुक्॥10॥

देवान्भावयतानेन ते देवा भावयन्तु वः।
परस्परं भावयन्तः श्रेयः परमवाप्स्यथ॥11॥

यज्ञोन्नत देवता
तुम्हारे लिए
इष्ट भोगों को देंगे;
इनको उनके लिए
समर्पित किए बिना ही जो भोगेगा,
वह निश्चय ही चोर बनेगा (12)

यज्ञशेष पर जीने वाले सन्त
सर्वथा पापमुक्त हैं;
केवल अपने लिए
पकाने वाला पापी,
पापाहारी (13)

इष्टान्भोगान्हि वो देवा दास्यन्ते यज्ञ भाविताः ।
तैर्दत्तानप्रदायैभ्यो यो भुङ्क्ते स्तेन एव सः॥12॥

यज्ञशिष्टाशिनः सन्तो मुच्यन्ते सर्वकिल्बिषैः ।
भुञ्जते ते त्वघं पापा ये पचन्त्यात्मकारणात्॥13॥

सब प्राणी
अन्न से उपजते;
अन्न वृष्टि से,
वृष्टि यज्ञ से,
यज्ञ कर्म से,
कर्म वेद से,
वेद ब्रह्म से
समुद्भूत हैं;
इस प्रकार वह
सर्वव्यापी ब्रह्म
सर्वदा
यज्ञ-प्रतिष्ठित– (14-15)

इस जग में
इस भाँति प्रवर्तित
सृष्टि चक्र का
जो अनुवर्ती नहीं,
इन्द्रियारामी वह
पापायु
व्यर्थ जीवनधारी है (16)

अन्नाद्भवन्ति भूतानि पर्जन्यादन्नसंभवः।
यज्ञाद्भवति पर्जन्यो यज्ञः कर्मसमुद्भवः॥14॥

कर्म ब्रह्मोद्भवं विद्धि ब्रह्माक्षरसमुद्भवम्।
तस्मात्सर्वगतं ब्रह्म नित्यं यज्ञे प्रतिष्ठितम्॥15॥

एवं प्रवर्तितं चक्रं नानुवर्तयतीह यः।
अघायुरिन्द्रियारामो मोघं पार्थ स जीवति॥16॥

पर, मनुष्य जो
आत्मरती है,
आत्मतृप्त है,
आत्मतुष्ट है,
पृथा-पुत्र,
उसके हित कोई कार्य नहीं है (17)

इस जग में
कृत और अकृत से
उस मनुष्य का
कोई मतलब नहीं;
स्वार्थ-सम्बन्ध
किसी से, किसी तरह का
उसे न रखना (18)

अतः
निरन्तर अनासक्त
कर्तव्य कर्म कर;
अनासक्ति से किया कर्म ही,
पार्थ,
पुरुष को परम पुरुष तक पहुँचाता है (19)

यस्त्वात्मरतिरेव स्यादात्मतृप्तश्च मानवः।
आत्मन्येव च सन्तुष्टस्तस्य कार्यं न विद्यते॥17॥

नैव तस्य कृतेनार्थो नाकृतेनेह कश्चन।
न चास्य सर्वभूतेषु कश्चिदर्थव्यपाश्रयः॥18॥

तस्मादसक्तः सततं कार्यं कर्म समाचर।
असक्तो ह्याचरन्कर्म परमाप्नोति पूरुषः॥19॥

जनक आदि ने
ऐसे ही कर्मों के द्वारा
सिद्धि प्राप्त की;
और लोकसंग्रही दृष्टि से भी
तेरा कर्तव्य कर्म ही (20)

श्रेष्ठ
आचरण जैसा रखता,
और लोग वैसा ही रखते;
जिसे प्रमाणित वह कर देता,
लोग उसी का,
पृथा-पुत्र,
अनुवर्तन करते (21)

तीनों लोकों में
मेरा कर्तव्य नहीं कुछ,
कुछ प्राप्तव्य नहीं ऐसा
अप्राप्त मुझे हो,
फिर भी
कर्म निरन्तर करता (22)

कर्मणैव हि संसिद्धिमास्थिता जनकादयः ।
लोकसंग्रहमेवापि संपश्यन्कर्तुमर्हसि॥20॥

यद्यदाचरति श्रेष्ठस्तत्तदेवेतरो जनः ।
स यत्प्रमाणं कुरुते लोकस्तदनुवर्तते॥21॥

न मे पार्थास्ति कर्तव्यं त्रिषु लोकेषु किंचन ।
नानवाप्तमवाप्तव्यं वर्त एव च कर्मणि॥22॥

यदि अतन्द्र मैं
कर्मों में ही लगा न हूँ तो
सब मनुष्य
सर्वथा
कदाचित् मेरे अनुवर्ती बन जाएँ (23)

अगर कर्म करना मैं छोडूँ
तो सब लोग भ्रष्ट हो जाएँ,
बनूँ वर्णसंकर-कर्ता मैं,
और समग्र प्रजा का हंता (24)

कर्मों में आसक्त
और अज्ञानी
जैसे करते,
ज्ञानी, अनासक्त, भी
उसी तरह से करें
लोकसंग्रही दृष्टि से (25)

यदि ह्यहं न वर्तेयं जातु कर्मण्यतन्द्रितः।
मम वर्त्मानुवर्तन्ते मनुष्याः पार्थ सर्वशः॥23॥

उत्सीदेयुरिमे लोका न कुर्यां कर्म चेदहम्।
संकरस्य च कर्ता स्यामुपहन्यामिमाः प्रजाः॥24॥

सक्ताः कर्मण्यविद्वांसो यथा कुर्वन्ति भारत।
कुर्याद्विद्वांस्तथासक्तश्चिकीर्षुर्लोकसंग्रहम्॥25॥

ज्ञानी को चाहिए
कामकामी, अज्ञानी जन में,
अर्जुन,
बुद्धिभेद उत्पन्न करे मत;
योगयुक्त सब कर्म स्वयं जैसे करता है,
प्रेरित उनको करे उसी विधि से करने को (26)

प्रकृति-गुणों के द्वारा
सारे कर्म किए जाते हैं,
तो भी
अहंकार से मूढ़
मान लेता है ऐसा—
मैं कर्त्ता हूँ (27)

गुण-गुण में वर्तते,
पृथा-सुत,
इसे मानकर
गुण औ' कर्मविभाग तत्त्व के विज्ञाता
आसक्त न होते (28)

न बुद्धिभेदं जनयेदज्ञानां कर्मसङ्गिनाम्।
जोषयेत्सर्वकर्माणि विद्वान्युक्तः समाचरन्॥26॥

प्रकृतेः क्रियमाणानि गुणैः कर्माणि सर्वशः।
अहङ्कारविमूढात्मा कर्ताहमिति मन्यते॥27॥

तत्त्ववित्तु महाबाहो गुणकर्मविभागयोः।
गुणा गुणेषु वर्तन्त इति मत्वा न सज्जते॥28॥

गुण-कर्मों में
होती है आसक्ति उन्हीं की
प्रकृति-गुणों से जो मोहित हैं;
इन कम-समझे, मन्द जनों को
अच्छी तरह समझने वाला
भ्रमित करे मत (29)

ध्यान-निष्ठ चित
सब कर्मों को
मुझमें अर्पण कर
संगर कर,
हो निर्मम,
त्यक्ताश,
गतज्वर (30)

जो नर
श्रद्धा सहित,
रहित छिद्रान्वेषण से,
पार्थ, सर्वदा
मेरे इस मत पर चलते हैं,
उनके कर्म छूट जाते हैं (31)

प्रकृतेर्गुणसम्मूढाः सज्जन्ते गुणकर्मसु ।
तानकृत्स्नविदो मन्दान्कृत्स्नविन्न विचालयेत्॥29॥

मयि सर्वाणि कर्माणि संन्यस्याध्यात्मचेतसा ।
निराशीर्निर्ममो भूत्वा युध्यस्व विगतज्वरः॥30॥

ये मे मतमिदं नित्यमनुतिष्ठन्ति मानवाः ।
श्रद्धावन्तोऽनसूयन्तो मुच्यन्ते तेऽपि कर्मभिः॥31॥

दोषदृष्टि जो मूर्ख
न मेरे मत पर चलते,
सर्वज्ञानविमूढ़
उन्हें तू नष्ट समझ ले (32)

सभी
प्रकृति-परवश हो
कर्म किया करते हैं;
ज्ञानी भी
अपनी ही प्रकृति पकड़ चलता है;
हठ से कुछ भी हो न सकेगा (33)

सभी इन्द्रियों के
विषयों में
राग-द्वेष जो अड़े हुए हैं,
न उनके वश में न कभी हो;
वे दोनों ही
मंगल पथ के महाशत्रु हैं (34)

ये त्वेतदभ्यसूयन्तो नानुतिष्ठन्ति मे मतम्।
सर्वज्ञानविमूढांस्तान्विद्धि नष्टानचेतसः॥32॥

सदृशं चेष्टते स्वस्याः प्रकृतेर्ज्ञानवानपि।
प्रकृतिं यान्ति भूतानि निग्रहः किं करिष्यति॥33॥

इन्द्रियस्येन्द्रियस्यार्थे रागद्वेषौ व्यवस्थितौ।
तयोर्न वशमागच्छेत्तौ ह्यस्य परिपन्थिनौ॥34॥

पार्थ,
पराए विधिवत पाले हुए धर्म से
विगुण धर्म भी अपना अच्छा;
श्रेय निधन भी है स्वधर्म में,
पर, अर्जुन,
परधर्म भयावह। (35)

इस पर पूछा पृथा-पुत्र ने,
'हृषीकेश, फिर
किससे प्रेरित,
मन में चाह न रखने पर भी,
विवश हुआ-सा नर
पापाचारी बनता है (36)

कहा कृष्ण ने,
'रजोगुणोद्भव
काम-क्रोध ही,
महाज्वाल-से, भारी पापी,
जो नर से बहु पाप कराते,
नहीं अघाते;
इनको अपना शत्रु समझ तू (37)

श्रेयान्स्वधर्मो विगुणः परधर्मात्स्वनुष्ठितात्।
स्वधर्मे निधनं श्रेयः परधर्मो भयावहः॥35॥

अथ केन प्रयुक्तोऽयं पापं चरति पूरुषः।
अनिच्छन्नपि वार्ष्णेय बलादिव नियोजितः॥36॥

काम एष क्रोध एष रजोगुणसमुद्भवः।
महाशनो महापाप्मा विद्ध्येनमिह वैरिणम्॥37॥

अग्नि धूम्र से,
मुकुर धूलि से,
गर्भ जेर से जैसे आवृत,
उसी तरह से ज्ञान
काम से ढका हुआ है (38)

अनल रूप
यह नित्य-बुभुक्षित
काम
ज्ञानियों का बैरी है;
ज्ञान उसी से आच्छादित है (39)

काम
इन्द्रियों, बुद्धि और मन में बसता है,
और उन्हीं से,
पार्थ, ज्ञान को आवृत करके,
देही को मोहित करता है (40)

धूमेनाव्रियते वह्निर्यथादर्शो मलेन च।
यथोल्बेनावृतो गर्भस्तथा तेनेदमावृतम्॥38॥

आवृतं ज्ञानमेतेन ज्ञानिनो नित्यवैरिणा।
कामरूपेण कौन्तेय दुष्पूरेणानलेन च॥39॥

इन्द्रियाणि मनो बुद्धिरस्याधिष्ठानमुच्यते।
एतैर्विमोहयत्येष ज्ञानमावृत्य देहिनम्॥40॥

इससे, अर्जुन,
वश में कर इन्द्रियाँ,
ज्ञान-विज्ञान-विनाशी
इस पापी को
मार प्रथम तू (41)

प्रबल इन्द्रियाँ हैं,
उनसे भी प्रबल, पार्थ, मन,
बुद्धि प्रबल उससे है,
आत्मा प्रबल बुद्धि से (42)

प्रबल बुद्धि से
आत्मा को पहचान,
उसीसे
बुद्धि और मन
वश में करके,
काम रूप दुर्जय बैरी को,
पार्थ, मार तू (43)

तस्मात्त्वमिन्द्रियाण्यादौ नियम्य भरतर्षभ।
पाप्मानं प्रजहि ह्येनं ज्ञानविज्ञाननाशनम्॥41॥

इन्द्रियाणि पराण्याहुरिन्द्रियेभ्यः परं मनः।
मनसस्तु परा बुद्धिर्यो बुद्धेः परतस्तु सः॥42॥

एवं बुद्धेः परं बुद्ध्वा संस्तभ्यात्मानमात्मना।
जहि शत्रुं महाबाहो कामरूपं दुरासदम्॥43॥

अध्याय 4

ज्ञानकर्मसंन्यास योग

कहा कृष्ण ने,
'अर्जुन, अव्यय कर्मयोग यह
पहले मुझसे विवस्वान को,
उनसे मनु को,
मनु से फिर इक्ष्वाकु नृपति को,
प्राप्त हुआ था (1)

परम्परा से प्राप्त
योग यह,
पार्थ, राज-ऋषियों ने जाना।
किन्तु योग वह
कालान्तर में
इस पृथ्वी से लुप्त हो गया (2)

इमं विवस्वते योगं प्रोक्तवानहमव्ययम्।
विवस्वान्मनवे प्राह मनुरिक्ष्वाकवेऽब्रवीत्॥1॥

एवं परम्पराप्राप्तमिमं राजर्षयो विदुः।
स कालेनेह महता योगो नष्टः परंतप॥2॥

वही पुरातन बुद्धियोग,
उत्तम, रहस्यमय,
आज तुझे मैं सुना रहा हूँ;
तू मेरा प्रिय भक्त-सखा है (3)

अर्जुन बोले,
'कृष्ण, आपका जन्म हुआ अब,
विवस्वान का जन्म पुरातन;
उन्हें आपने आदिकाल में योग सिखाया!–
कैसे जानूँ (4)

कहा कृष्ण ने,
'तेरे-मेरे जन्म
बहुत हो चुके, परंतप;
वे सब तुझको नहीं ज्ञात,
पर मुझे ज्ञात हैं (5)

स एवायं मया तेऽद्य योगः प्रोक्तः पुरातन।
भक्तोऽसि मे सखा चेति रहस्यं ह्येतदुत्तमम्॥3॥

अपरं भवतो जन्म परं जन्म विवस्वतः।
कथमेतद्विजानीयां त्वमादौ प्रोक्तवानिति॥4॥

बहूनि मे व्यतीतानि जन्मानि तव चार्जुन।
तान्यहं वेद सर्वाणि न त्वं वेत्थ परंतप॥5॥

मैं अविनाशी रूप, अजन्मा,
सभी प्राणियों का परमेश्वर होने पर भी,
अपनी प्रकृति अधिष्ठित करके,
पार्थ, आत्ममाया से
प्रकट हुआ करता हूँ (6)

भारत, जब-जब
ग्लानि धर्म की
औ' अधर्म का
अभ्युत्थान हुआ करता है,
तब-तब मैं
अपने को सृजता (7)

साधुजनों के परित्राण के
औ' असाधुओं के विनाश के
और धर्म संस्थापन के हित
युग-युग, भारत,
मैं अवतार लिया करता हूँ (8)

अजोऽपि सन्नव्ययात्मा भूतानामीश्वरोऽपि सन्।
प्रकृतिं स्वामधिष्ठाय संभवाम्यात्ममायया॥6॥

यदा यदा हि धर्मस्य ग्लानिर्भवति भारत।
अभ्युत्थानमधर्मस्य तदात्मानं सृजाम्यहम्॥7॥

परित्राणाय साधूनां विनाशाय च दुष्कृताम्।
धर्मसंस्थापनार्थाय संभवामि युगे युगे॥8॥

जो
मेरा वह दिव्य जन्म औ' कर्म
तत्वतः जान गया है,
देह त्याग फिर जन्म न पाता;
मुझको पाता (9)

वीतराग-भय-क्रोध, पार्थ,
मुझमें स्थित और उपाश्रित मेरे,
कितने ही जन,
ज्ञान और तप से पवित्र,
मेरे स्वरूप को प्राप्त हो चुके (10)

जो मुझको जैसे भजते हैं,
मैं उनको वैसे ही भजता;
मनुज सर्वथा
मेरे पथ के अनुवर्ती हैं (11)

जन्म कर्म च मे दिव्यमेवं यो वेत्ति तत्त्वतः ।
त्यक्त्वा देहं पुनर्जन्म नैति मामेति सोऽर्जुन॥9॥

वीतरागभयक्रोधा मन्मया मामुपाश्रिताः ।
बहवो ज्ञानतपसा पूता मद्भावमागताः॥10॥

ये यथा मां प्रपद्यन्ते तांस्तथैव भजाम्यहम् ।
मम वर्त्मानुवर्तन्ते मनुष्याः पार्थ सर्वशः॥11॥

इस जगती में
कर्मों के फल के अभिलाषी
तरह-तरह के देवों की
पूजा करते हैं,
और कर्मजा सिद्धि शीघ्र पा भी जाते हैं,
किन्तु न मुझको (12)

गुण औ' कर्मों के विभाग से,
चार वर्ण
मेरे द्वारा ही रचे गए हैं;
मुझ अव्यय को
उनका कर्त्ता, किन्तु अकर्त्ता,
जान, धनंजय (13)

कर्मफलेच्छुक नहीं,
इसी से कर्म नहीं मुझको छूते हैं;
इस प्रकार जो मुझे जानते,
कर्मों से वे कभी न बँधते (14)

काङ्क्षन्तः कर्मणां सिद्धिं यजन्त इह देवताः।
क्षिप्रं हि मानुषे लोके सिद्धिर्भवति कर्मजा॥12॥

चातुर्वर्ण्यं मया सृष्टं गुणकर्मविभागशः।
तस्य कर्तारमपि मां विद्ध्यकर्तारमव्ययम्॥13॥

न मां कर्माणि लिम्पन्ति न मे कर्मफले स्पृहा।
इति मां योऽभिजानाति कर्मभिर्न स बध्यते॥14॥

पूर्व काल के मुमुक्षुओं ने भी
ऐसा ही मुझे जानकर
कर्म किए हैं;
पार्थ, पूर्वजों के
पहले के किए कर्म-से
कर्म किए जा (15)

क्या है कर्म, अकर्म,
इसे तो बुद्धिमान भी नहीं जानते;
तुझे कर्म वह बतलाता हूँ,
जिसे जानकर
तुझे अशुभ से त्राण मिलेगा (16)

कर्म जानना तुझे चाहिए,
औ' अकर्म भी,
औ' विकर्म भी,
क्योंकि कर्मगति गहन, धनंजय (17)

एवं ज्ञात्वा कृतं कर्म पूर्वैरपि मुमुक्षुभिः ।
कुरु कर्मैव तस्मात्त्वं पूर्वैः पूर्वतरं कृतम्॥15॥

किं कर्म किमकर्मेति कवयोऽप्यत्र मोहिताः ।
तत्ते कर्म प्रवक्ष्यामि यज्ज्ञात्वा मोक्ष्यसेऽशुभात्॥16॥

कर्मणो ह्यपि बोद्धव्यं बोद्धव्यं च विकर्मणः ।
अकर्मणश्च बोद्धव्यं गहना कर्मणो गतिः॥17॥

जो अकर्म में कर्म,
कर्म में अकर्म देखे,
बुद्धिमान है,
योगी है,
परिपूर्ण कर्मकृत् (18)

जिसके सारे कार्य
काम-संकल्प-विवर्जित,
ज्ञान-अग्नि में दग्ध, परंतप,
उस मनुष्य को
बुद्धिमान पण्डित कहते हैं (19)

पार्थ,
निराश्रय, नित्यतृप्त औ'
कर्मफलों से अनासक्त जो,
कर्मप्रवृत्त हुआ भी
किंचित कार्य न करता;
सदा अकर्ता (20)

कर्मण्यकर्म यः पश्येदकर्मणि च कर्म यः।
स बुद्धिमान्मनुष्येषु स युक्तः कृत्स्नकर्मकृत्॥18॥

यस्य सर्वे समारम्भाः कामसंकल्पवर्जिताः।
ज्ञानाग्निदग्धकर्माणं तमाहुः पण्डितं बुधाः॥19॥

त्यक्त्वा कर्मफलासङ्गं नित्यतृप्तो निराश्रयः।
कर्मण्यभिप्रवृत्तोऽपि नैव किञ्चित्करोति सः॥20॥

सर्व परिग्रह का परित्यागी,
यतचित्तात्मा
और निराशी
जो केवल तन-सम्बन्धी कर्मों को करता,
उसको पाप नहीं लगता है (21)

यथालाभ सन्तुष्ट,
द्वन्द्व से मुक्त, विमत्सर,
जिसको सिद्धि-असिद्धि बराबर,
कर्मों को कर
नहीं कर्म-बन्धन में पड़ता (22)

यज्ञ के लिए
पार्थ, आचरण करने वाले
ज्ञानावस्थितचित्त,
मुक्त, गतसंग पुरुष के
सारे कर्म भस्म हो जाते (23)

निराशीर्यतचित्तात्मा त्यक्तसर्वपरिग्रहः।
शारीरं केवलं कर्म कुर्वन्नाप्नोति किल्बिषम्॥21॥

यदृच्छालाभसंतुष्टो द्वन्द्वातीतो विमत्सरः।
समः सिद्धावसिद्धौ च कृत्वापि न निबध्यते॥22॥

गतसङ्गस्य मुक्तस्य ज्ञानावस्थितचेतसः।
यज्ञायाचरतः कर्म समग्रं प्रविलीयते॥23॥

इस प्रकार के यज्ञ-कर्म में
ब्रह्म-स्रुवा से
ब्रह्माहुति को
ब्रह्म-अग्नि में
होता ब्रह्म समर्पित करता;
ब्रह्मकर्म में समाधिस्थ जन का गंतव्य
ब्रह्म ही होता (24)

कोई योगी
देव-यज्ञ करते हैं;
कोई
यज्ञ यज्ञ से
ब्रह्म-अग्नि में अर्पित करते (25)

कोई योगी
श्रोत्र आदि इन्द्रियाँ, पृथा-सुत,
संयमाग्नि में अर्पित करते;
शब्द आदि विषयों को कोई
इन्द्रियाग्नि में (26)

ब्रह्मार्पणं ब्रह्म हविर्ब्रह्माग्नौ ब्रह्मणा हुतम्।
ब्रह्मैव तेन गन्तव्यं ब्रह्मकर्मसमाधिना॥24॥

दैवमेवापरे यज्ञं योगिनः पर्युपासते।
ब्रह्माग्नावपरे यज्ञं यज्ञेनैवोपजुह्वति॥25॥

श्रोत्रादीनीन्द्रियाण्यन्ये संयमाग्निषु जुह्वति।
शब्दादीन्विषयानन्य इन्द्रियाग्निषु जुह्वति॥26॥

कोई योगी, पार्थ,
इन्द्रियों के, प्राणों के सब कर्मों को
ज्ञान-प्रदीपित योग-अग्नि में,
जो कि आत्म-संयम स्वरूप है,
अर्पित करते (27)

द्रव्य-यज्ञ तप-यज्ञ तथा
कोई हैं योग-यज्ञ के कर्त्ता—
यती, कठिन-व्रत;
स्वाध्याय का ज्ञान-यज्ञ कोई करते हैं (28)

प्राणापान वायु को कोई
एक दूसरे में अर्पित कर,
या दोनों की गति निरुद्ध कर,
प्राणायाम-परायण होते (29)

कोई नियताहार, पार्थ,
प्राणों को प्राणों में अर्पित करने वाले हैं;
यज्ञ-नष्ट कल्मष ये सारे
यज्ञ-विज्ञ हैं (30)

सर्वाणीन्द्रियकर्माणि प्राणकर्माणि चापरे।
आत्मसंयमयोगाग्नौ जुह्वति ज्ञानदीपिते॥27॥

द्रव्ययज्ञास्तपोयज्ञा योगयज्ञास्तथापरे।
स्वाध्यायज्ञानयज्ञाश्च यतयः संशितव्रताः॥28॥

अपाने जुह्वति प्राणं प्राणेऽपानं तथापरे।
प्राणापानगती रुद्ध्वा प्राणायामपरायणाः॥29॥

अपरे नियताहाराः प्राणान्प्राणेषु जुह्वति।
सर्वेऽप्येते यज्ञविदो यज्ञक्षपितकल्मषाः॥30॥

पार्थ,
यज्ञशेषामृत भोगी
ब्रह्मसनातन को पाता है;
यज्ञरहित का लोक नहीं,
परलोक भला फिर कैसे होगा (31)

वेदों की वाणी में
बहुविधि यज्ञों का विस्तार हुआ है;
कर्मज केवल उन सबको तू जान, परंतप;
इसे समझ लेने से बन्धन से छूटेगा (32)

यज्ञ द्रव्यमय से श्रेयस्कर
यज्ञ ज्ञान का;
परिसमाप्त
सब कर्म ज्ञान में हो जाते हैं (33)

ज्ञान समझने को, कुन्ती-सुत,
तत्त्वदर्शियों के आगे झुक,
उनकी सेवा में रह, उनसे प्रश्न पूछ तू;
वे ज्ञानी उपदेश करेंगे तुझे ज्ञान का (34)

यज्ञशिष्टामृतभुजो यान्ति ब्रह्म सनातनम्।
नायं लोकोऽस्त्ययज्ञस्य कुतोऽन्यः कुरुसत्तम॥31॥

एवं बहुविधा यज्ञा वितता ब्रह्मणो मुखे।
कर्मजान्विद्धि तान्सर्वानेवं ज्ञात्वा विमोक्ष्यसे॥32॥

श्रेयान्द्रव्यमयाद्यज्ञाज्ज्ञानयज्ञः परंतप।
सर्वं कर्माखिलं पार्थ ज्ञाने परिसमाप्यते॥33॥

तद्विद्धि प्रणिपातेन परिप्रश्नेन सेवया।
उपदेक्ष्यन्ति ते ज्ञानं ज्ञानिनस्तत्त्वदर्शिनः॥34॥

जिसे जानकर
इस प्रकार का
मोह न तुझको फिर व्यापेगा,
जिससे तू सम्पूर्ण प्राणियों को
अपने में देखेगा,
पश्चात् मुझी में (35)

यदि तू
सभी पापियों से बढ़कर पापी हो,
तो भी ज्ञान-तरी में बैठा
सब पापों को तर जाएगा (36)

जैसे पड़ प्रज्चलित अग्नि में
भस्मसात ईंधन हो जाता,
ज्ञान-अग्नि में
भस्म कर्म सब हो जाते हैं (37)

यज्ज्ञात्वा न पुनर्मोहमेवं यास्यसि पाण्डव।
येन भूतान्यशेषेण द्रक्ष्यस्यात्मन्यथो मयि॥35॥

अपि चेदसि पापेभ्यः सर्वेभ्यः पापकृत्तमः।
सर्वं ज्ञानप्लवेनैव वृजिनं संतरिष्यसि॥36॥

यथैधांसि समिद्धोऽग्निर्भस्मसात्कुरुतेऽर्जुन।
ज्ञानाग्निः सर्वकर्माणि भस्मसात्कुरुते तथा॥37॥

इस जगती में
ज्ञान सदृश पावनकर्त्ता
दूसरा नहीं है;
योगसिद्ध लोगों ने इसको
स्वयं काल से
अपने में अनुभूत किया है (38)

संयतेन्द्रिय, तत्पर, श्रद्धावान, परंतप,
ज्ञान प्राप्त करता;
पाकर वह ज्ञान शीघ्र ही
परम शान्ति भी पा जाता है (39)

अज्ञ, अश्रद्धावान, संशयात्मा
विनष्ट, अर्जुन, हो जाता।
संशयात्म के लिए
सुख नहीं,
लोक नहीं,
परलोक नहीं है (40)

न हि ज्ञानेन सदृशं पवित्रमिह विद्यते।
तत्स्वयं योगसंसिद्धः कालेनात्मनि विन्दति॥38॥

श्रद्धावाँल्लभते ज्ञानं तत्परः संयतेन्द्रियः।
ज्ञानं लब्ध्वा परां शान्तिमचिरेणाधिगच्छति॥39॥

अज्ञश्चाश्रद्दधानश्च संशयात्मा विनश्यति।
नायं लोकोऽस्ति न परो न सुखं संशयात्मनः॥40॥

पार्थ, योग से
जिसने सारे कर्म तजे हैं,
और ज्ञान से
सारे संशय काट दिए हैं,
आत्मवान वह कर्म-बन्ध में
कभी न पड़ता (41)

इससे, भारत,
योगस्थित हो,
हृदयस्थित अज्ञानसमुद्भव अपना संशय
ज्ञान-खड्ग से काट खड़ा हो (42)

अर्जुन बोले,

योगसंन्यस्तकर्माणं ज्ञानसंछिन्नसंशयम् ।
आत्मवन्तं न कर्माणि निवध्नन्ति धनंजय॥41॥

तस्मादज्ञानसंभूतं हृत्स्थं ज्ञानासिनात्मनः ।
छित्त्वैनं संशयं योगमातिष्ठोत्तिष्ठ भारत॥42॥

अध्याय 5

कर्मसंन्यास योग

'कृष्ण,
कर्म-संन्यास, योग–दोनों की
आप बड़ाई करते;
इनमें से जो एक
सुनिश्चित और श्रेय हो
मुझे बताएँ (1)

कहा कृष्ण ने,
'पार्थ,
कर्म-संन्यास, योग–दोनों
निःश्रेयस देने वाले,
पर तुलना में
कर्मयोग की विशिष्टता है (2)

संन्यासं कर्मणां कृष्ण पुनर्योगं च शंससि।
यच्छ्रेय एतयोरेकं तन्मे ब्रूहि सुनिश्चितम्॥1॥

संन्यासः कर्मयोगश्च निःश्रेयसकरावुभौ।
तयोस्तु कर्मसंन्यासात्कर्मयोगो विशिष्यते॥2॥

जिसे नहीं है द्वेष किसी से,
नहीं किसी की आकांक्षा है,
वही नित्य संन्यासी, अर्जुन,
द्वन्द्व-रहित, सुख से, बन्धन से मुक्त हुआ है (3)
मूर्ख लोग ही, पार्थ,
सांख्य के और योग के फल को
अलग-अलग बतलाते,
कभी न पण्डित;
सम्यक् रूप एक में स्थित जो
दोनों के फल को पाता है (4)

योगी भी वह स्थान प्राप्त करता,
जिसको संन्यासी पाते;
योग, सांख्य को एक देखता जो,
कुन्ती-सुत, वही देखता।
बाकी अन्धे (5)

ज्ञेयः स नित्यसंन्यासी यो न द्वेष्टि न काङ्क्षति।
निर्द्वन्द्वो हि महाबाहो सुखं बन्धात्प्रमुच्यते॥3॥

सांख्ययोगौ पृथग्बालाः प्रवदन्ति न पण्डिताः।
एकमप्यास्थितः सम्यगुभयोर्विन्दते फलम्॥4॥

यत्सांख्यैः प्राप्यते स्थानं तद्योगैरपि गम्यते।
एकं सांख्यं च योगं च यः पश्यति स पश्यति॥5॥

योग बिना, हे महाबाहु,
संन्यास प्राप्त करना दुष्कर है;
योगयुक्त मुनि निर्विलम्ब ही
परब्रह्म को पा जाता है (6)

विजितात्मा, विजितेन्द्रिय
और विशुद्धात्मा जो,
सर्वभूत-आत्मा से एकीभाव हुआ जो,
योगयुक्त जो,
कर्मों को करते रहने पर भी
अलिप्त है (7)

युक्त तत्वविद् ऐसा माने,
किंचित कर्म नहीं करता मैं;
यानी, साँस, गन्ध लेने में,
भोजन करने, वचन बोलने,
पलक भाँजने, दृश्य देखने,
सोने, सुनने, छूने, चलने,
ग्रहण-विसर्जन करने में इन्द्रियाँ
इन्द्रियों के अर्थों की अनुवर्ती हैं (8-9)

संन्यासस्तु महाबाहो दुःखमाप्तुमयोगतः।
योगयुक्तो मुनिर्ब्रह्म नचिरेणाधिगच्छति॥6॥

योगयुक्तो विशुद्धात्मा विजितात्मा जितेन्द्रियः।
सर्वभूतात्मभूतात्मा कुर्वन्नपि न लिप्यते॥7॥

नैव किंचित्करोमीति युक्तो मन्येत तत्त्ववित्
पश्यञ्शृण्वन्स्पृशञ्जिघ्रन्नश्नन्गच्छन्स्वपञ्श्वसन॥

प्रलपन्विसृजन्गृह्णन्नुन्मषन्निमिषन्नपि।
इन्द्रियाणीन्द्रियार्थेषु वर्तन्त इति धारयन्॥8-9॥

संग त्याग कर
सब कर्मों को
ब्रह्म-समर्पित कर देता जो,
उसको पाप नहीं छूता है,
जैसे पद्मपत्र को पानी (10)

संग त्याग कर
योगी कर्मों को करते हैं,
केवल इन्द्रिय, मनस् बुद्धि काया के द्वारा
आत्म-शुद्धि करने को, भारत (11)

युक्त
कर्मफल त्याग
नैष्ठिकी शान्ति प्राप्त करता है;
लेकिन जो अयुक्त है,
फलासक्त, कामनाबद्ध होता है, भारत (12)

ब्रह्मण्याधाय कर्माणि सङ्गं त्यक्त्वा करोति यः।
लिप्यते न स पापेन पद्मपत्रमिवाम्भसा॥10॥

कायेन मनसा बुद्ध्या केवलैरिन्द्रियैरपि।
योगिनः कर्म कुर्वन्ति सङ्गं त्यक्त्वात्मशुद्धये॥11॥

युक्तः कर्मफलं त्यक्त्वा शान्तिमाप्नोति नैष्ठिकीम्।
अयुक्तः कामकारेण फले सक्तो निबध्यते॥12॥

पार्थ, वशी देही,
निश्चय ही,
कुछ न कराता और न करता;
नवद्वार पुर में
मन से सब कर्म त्याग कर
सुख से बसता (13)

प्रभु भी लोगों का
कर्तापन, कर्म, कर्म-फल में संयोग
नहीं रचते हैं;
मात्र स्वभाव प्रवर्तित होता (14)

सुकृत किसी का,
कुकृत किसी का,
विभु को व्याप्त नहीं होता है।
पार्थ, ज्ञान अज्ञानावृत है;
उसके कारण
जीव सभी मोहित होते हैं (15)

सर्वकर्माणि मनसा संन्यस्यास्ते सुखं वशी।
नवद्वारे पुरे देही नैव कुर्वन्न कारयन्॥13॥

न कर्तृत्वं न कर्माणि लोकस्य सृजति प्रभुः।
न कर्मफलसंयोगं स्वभावस्तु प्रवर्तते॥14॥

नादत्ते कस्यचित्पापं न चैव सुकृतं विभुः।
अज्ञानेनावृतं ज्ञानं तेन मुह्यन्ति जन्तवः॥15॥

पर जिनका अज्ञान
ज्ञान से नष्ट हो चुका,
वही ज्ञान द्वारा
आदित्य समान ब्रह्म का
दर्शन करते (16)

पार्थ, ज्ञान ने
जिनका कल्मष काट दिया है,
जो निष्ठा, मन और बुद्धि से
ब्रह्मपरायण,
वही परम गति को पाते हैं (17)

जो हैं
पण्डित,
विद्या-विनय-समन्वित ब्राह्मण,
गौ, गज, श्वान, श्वपच–सब के प्रति,
अर्जुन, समदर्शी होते हैं (18)

ज्ञानेन तु तदज्ञानं येषां नाशितमात्मनः ।
तेषामादित्यज्ज्ञानं प्रकाशयति तत्परम्॥16॥

तद्बुद्धयस्तदात्मानस्तन्निष्ठास्तत्परायणाः ।
गच्छन्त्यपुनरावृत्तिं ज्ञाननिर्धूतकल्मषाः॥17॥

विद्याविनयसंपन्ने ब्राह्मणे गवि हस्तिनि ।
शुनि चैव श्वपाके च पण्डिताः समदर्शिनः॥18॥

जो साम्यस्थित,
वे इस जीवन में ही
भव संसरण विजेता;
क्योंकि ब्रह्म निर्दोष तथा सम,
इस कारण वे ब्रह्मस्थित हैं (19)

जो प्रिय पाकर हृष्ट
और अप्रिय पाकर उद्विग्न न होता,
पृथा-पुत्र, वह
असंमूढ़, स्थिरबुद्धि, ब्रह्मविद्,
ब्रह्मस्थित है (20)

बाह्य स्पर्श से अनासक्त जो,
उसे आन्तरिक सुख मिलता है;
ब्रह्मयोग-युक्तात्मा जो है,
अक्षय सुख अनुभव करता है (21)

इहैव तैर्जितः सर्गो येषां साम्ये स्थितं मनः।
निर्दोषं हि समं ब्रह्म तस्माद् ब्रह्मणि ते स्थिताः॥19॥

न प्रहृष्येत्प्रियं प्राप्य नोद्विजेत्प्राप्य चाप्रियम्।
स्थिरबुद्धिरसंमूढो ब्रह्मविद् ब्रह्मणि स्थितः॥20॥

बाह्यस्पर्शेष्वसक्तात्मा विन्दत्यात्मनि यत्सुखम्।
स ब्रह्मयोगयुक्तात्मा सुखमक्षयमश्नुते॥21॥

जो संस्पर्शज भोग जगत के
आदि-अंतभय, दुःखयोनि हैं,
कौंतेय, ज्ञानी जन उनमें रमण न करते (22)

पृथा-पुत्र, तन-मोक्ष पूर्व जो
काम और क्रोधोद्भव वेगों को
सह लेने में समर्थ है,
इस जगती में वही युक्त है,
वही सुखी है (23)

अन्तःसुख अन्तःप्रकाश,
अन्तराराम जो ब्रह्मभूत है,
उस योगी को,
पार्थ, ब्रह्मनिर्वाण प्राप्त, निश्चय, होता है (24)

जो गत कल्मष,
नष्टद्विधा है,
सर्वभूत-हित-रत, यतात्म है,
ऐसे ऋषि को,
पार्थ, ब्रह्मनिर्वाण प्राप्त, निश्चय, होता है (25)

ये हि संस्पर्शजा भोगा दुःखयोनय एव ते।
आद्यन्तवन्तः कौन्तेय न तेषु रमते बुधः॥22॥

शक्नोतीहैव यः सोढुं प्राक्शरीरविमोक्षणात्।
कामक्रोधोद्भवं वेगं स युक्तः स सुखी नरः॥23॥

योऽन्तःसुखोऽन्तरारामस्तथान्तर्ज्योतिरेव यः।
स योगी ब्रह्मनिर्वाणं ब्रह्मभूतोऽधिगच्छति॥24॥

लभन्ते ब्रह्मनिर्वाणमृषयः क्षीणकल्मषाः।
छिन्नद्वैधा यतात्मानः सर्वभूतहिते रताः॥25॥

उन यतियों को
काम-क्रोध से जो वियुक्त हैं,
विजितचित्त हैं, विदितात्मा हैं,
पार्थ, ब्रह्मनिर्वाण प्राप्त किस ठौर
नहीं है (26)

बाह्य स्पर्श का बहिष्कार कर,
चक्षु-दृष्टि को भृकुटि-मध्य रख,
नासाचारी प्राणापान समान किए मुनि,
मोक्षपरायण,
विगतेच्छा-भय-क्रोध,
यतेन्द्रियमनोबुद्धि सर्वदा मुक्त है (27-28)

और भक्त मेरा
मुझको मख-तप का भोक्ता,
लोक महेश्वर,
सर्वभूत का सुहृद जानकर
भारत, शान्ति प्राप्त करता है (29)

कामक्रोधवियुक्तानां यतीनां यतचेतसाम् ।
अभितो ब्रह्मनिर्वाणं वर्तते विदितात्मनाम्॥26॥

स्पर्शान्कृत्वा बहिर्बाह्यांश्चक्षुश्चैवान्तरे भ्रुवोः ।
प्राणापानौ समौ कृत्वा नासाभ्यन्तरचारिणौ॥

यतेन्द्रियमनोबुद्धिर्मुनिर्मोक्षपरायणः ।
विगतेच्छाभयक्रोधो यः सदा मुक्त एव सः॥27-28॥

भोक्तारं यज्ञतपसां सर्वलोकमहेश्वरम् ।
सुहृदं सर्वभूतानां ज्ञात्वा मां शान्तिमृच्छति॥29॥

अध्याय 6

आत्मसंयम योग

कहा कृष्ण ने,
'कर्मफलाश्रित हुए बिना जो नर
कर्तव्य कर्म करता है,
वह संन्यासी है, योगी भी;
पार्थ, नहीं केवल निरग्नि जो,
या अक्रिय जो (1)

जो संन्यास कहा जाता है,
पार्थ, उसी को योग समझ तू;
जो संकल्प नहीं तजता, वह
योगी कभी नहीं हो सकता (2)

अनाश्रितः कर्मफलं कार्यं कर्म करोति यः।
स संन्यासी च योगी च न निरग्निर्न चाक्रियः॥1॥

यं संन्यासमिति प्राहुर्योगं तं विद्धि पाण्डव।
न ह्यसंन्यस्तसंकल्पो योगी भवति कश्चन॥2॥

कर्म, पार्थ,
योगार्थी मुनि के लिए
हेतु माना जाता है।
योगारूढ़ हुए मुनि का
कल्याण-हेतु
संकल्प-त्याग है (3)

इन्द्रिय-भोगों या कर्मों में
जब आसक्ति नहीं रह जाती,
तब सब संकल्पों का त्यागी
योगारूढ़ कहा जाता है (4)

अपने से अपना उद्धार करे नर,
अपने को न गिराए,
बन्धु आत्मा का आत्मा है,
और वही उसका रिपु भी है (5)

आरुरुक्षोर्मुनेर्योगं कर्म कारणमुच्यते।
योगारूढस्य तस्यैव शमः कारणमुच्यते॥3॥

यदा हि नेन्द्रियार्थेषु न कर्मस्वनुषज्जते।
सर्वसंकल्पसंन्यासी योगारूढस्तदोच्यते॥4॥

उद्धरेदात्मनाऽऽत्मानं नात्मानमवसादयेत्।
आत्मैव ह्यात्मनो बन्धुरात्मैव रिपुरात्मनः॥5॥

बन्धु वही आत्मा का,
जिसने उसके द्वारा
तन-इन्द्रिय-मन को जीता है,
और न उनको जीता जिसने,
शत्रु वही आत्मा का,
उसके साथ, पार्थ, शत्रुता बर्तता (6)

शीत-उष्ण,
सुख-दुःख तथा
मानापमान में
शान्त जितात्मा, पार्थ,
सच्चिदानन्द-समाहित (7)

विजितेन्द्रिय, कूटस्थ,
ज्ञान-विज्ञान-तृप्त औ'
कंकर-कंचन एक समान समझने वाला
योगी युक्त कहा जाता है (8)

बन्धुरात्मात्मनस्तस्य येनात्मैवात्मना जितः।
अनात्मनस्तु शत्रुत्वे वर्तेतात्मैव शत्रुवत्॥6॥

जितात्मनः प्रशान्तस्य परमात्मा समाहितः।
शीतोष्णसुखदुःखेषु तथा मानापमानयोः॥7॥

ज्ञानविज्ञानतृप्तात्मा कूटस्थो विजितेन्द्रियः।
युक्त इत्युच्यते योगी समलोष्टाश्मकाञ्चनः॥8॥

सुहृद, मित्र, अरि,
उदासीन, मध्यस्थ, बन्धु,
विद्वेषी, साधू और असाधू के प्रति
जो समबुद्धि, परंतप,
वह विशिष्ट है (9)

चित्तात्मा को जीत,
परिग्रह त्याग,
निराशी, निभृतनिवासी योगी
अविरत आत्मयुक्त हो (10)

शुचि प्रदेश में
कुश पर मृगछाला,
'छाला पर वस्त्र बिछाए,
उस पर अपना सुस्थिर आसनं
करे प्रतिष्ठित,
जो न बहुत ऊँचा-नीचा होकर के
सम हो (11)

सुहृन्मित्रार्युदासीनमध्यस्थद्वेष्यबन्धुषु ।
साधुष्वपि च पापेषु समबुद्धिर्विशिष्यते॥9॥

योगी युञ्जीत सततमात्मानं रहसि स्थितः ।
एकाकी यतचित्तात्मा निराशीरपरिग्रहः॥10॥

शुचौ देशे प्रतिष्ठाप्य स्थिरमासनमात्मनः ।
नात्युच्छ्रितं नातिनीचं चैलाजिनकुशोत्तरम्॥11॥

उस आसन पर बैठ,
पार्थ, एकाग्र करे मन,
चित्तेन्द्रिय की सभी क्रियाएँ
वश में कर के,
आत्मशुद्धि के लिए
योग को योगी साधे (12)

काया, शिर, ग्रीवा
समान, अविचल रख,
सुस्थिर,
नासिकाग्र पर दृष्टि लगाकर
और दिशाओं में मत देखे (13)

ब्रह्मचर्य व्रत धारण कर के
भय को त्यागे,
शान्त-युक्त,
मन पर संयम रख,
चित्त लगाए मुझमें,
मेरे प्रति अर्पित हो (14)

तत्रैकाग्रं मनः कृत्वा यतचित्तेन्द्रियक्रियः ।
उपविश्यासने युञ्ज्याद्योगमात्मविशुद्धये॥12॥

समं कायशिरोग्रीवं धारयन्नचलं स्थिरः ।
संप्रेक्ष्य नासिकाग्रं स्वं दिशश्चानवलोकयन्॥13॥

प्रशान्तात्मा विगतभीर्ब्रह्मचारिव्रते स्थितः ।
मनः संयम्य मच्चित्तो युक्त आसीत मत्परः॥14॥

इस प्रकार
आत्मा को मुझसे युक्त किए,
संयत मानस का योगी
मुझमें नित्यस्थित
निर्वाण रूपिणी परम
शान्ति पाता है, अर्जुन (15)

ऐसा योग सिद्ध होता है
न तो बड़े पेटू मनुष्य का,
और न बिल्कुल भूखे जन का,
न तो बहुत सोने वाले का
और न, अनिद्र का, अर्जुन (16)

यह दुखनाशक योग
सिद्ध होता है उनका
युक्तचेष्ट जो,
युक्ताहारविहार, पार्थ, जो,
युक्त-जागरण, युक्त-शयन जो (17)

युञ्जन्नेवं सदात्मानं योगी नियतमानसः।
शान्तिं निर्वाणपरमां मत्संस्थामधिगच्छति॥15॥

नात्यश्नतस्तु योगोऽस्ति न चैकान्तमनश्नतः।
न चाति स्वप्नशीलस्य जाग्रतो नैव चार्जुन॥16॥

युक्ताहारविहारस्य युक्तचेष्टस्य कर्मसु।
युक्तस्वप्नावबोधस्य योगो भवति दुःखहा॥17॥

जब योगी का चित्त संयमित,
आत्म-अवस्थित
हो जाता है,
सर्व कामनाओं से निस्पृह,
तब वह युक्त कहा जाता है (18)

आत्मयोग में युक्त, परंतप,
विजितचित्त योगी की उपमा
उस दीपक से दी जाती है
जिसकी लौ
निर्वात स्थान में रंच न हिलती (19)

जहाँ योग-सेवा से
चित्त निरुद्ध,
पृथा-सुत,
होता है उपराम,
आत्मदर्शन से
आत्म तुष्ट होता है, (20)

यदा विनियतं चित्तमात्मन्येवावतिष्ठते।
निःस्पृहः सर्वकामेभ्यो युक्त इत्युच्यते तदा॥18॥

यथा दीपो निवातस्थो नेङ्गते सोपमा स्मृता।
योगिनो यतचित्तस्य युञ्जतो योगमात्मनः॥19॥

यत्रोपरमते चित्तं निरुद्धं योगसेवया।
यत्र चैवात्मनात्मानं पश्यन्नात्मनि तुष्यति॥20॥

जहाँ अतीन्द्रिय,
बुद्धिग्राह्य, आत्यंतिक सुख का
योगी को अनुभव होता है,
और जहाँ स्थित,
नहीं तत्त्व से
वह डिगता है, (21)

जिसे प्राप्त कर
अधिक लाभकर
कुछ भी उसको नहीं दीखता,
जिसमें स्थित
गुरु दुख भी उसको
लेश नहीं विचलित कर पाता, (22)

दुख संयोग-विहीन
वहाँ की स्थिति का नाम
योग है,
जिसको मानव जाने,
और सनिश्चय, तत्परता से
उसको साधे (23)

सुखमात्यन्तिकं यत्तद्बुद्धिग्राह्यमतीन्द्रियम् ।
वेत्ति यत्र न चैवायं स्थितश्चलति तत्त्वतः ॥21॥

यं लब्ध्वा चापरं लाभं मन्यते नाधिकं ततः ।
यस्मिन् स्थितो न दुःखेन गुरुणापि विचाल्यते ॥22॥

तं विद्याद् दुःखसंयोगवियोगं योगसंज्ञितम् ।
स निश्चयेन योक्तव्यो योगोऽनिर्विण्णचेतसा ॥23॥

संकल्पज सब इच्छाओं को,
पृथा-पुत्र, निःशेष त्याग कर,
मन के द्वारा
सभी इन्द्रियाँ
सभी ओर से संयत कर के,
शनैः शनैः उपरामप्राप्त हो,
और धैर्यधारिणी बुद्धि से
मन को कर आत्मस्थ,
पार्थ, कुछ भी मत सोचे (24-25)

यह अस्थिर, चंचल मन
जाता जहाँ-जहाँ है,
वहाँ-वहाँ से उसको लौटा
करे स्ववश में (26)

शान्त मनस्, औ' शान्त-रजस्,
कल्मषविहीन
उस ब्रह्मभूत योगी को
उत्तम सुख मिलता है (27)

संकल्पप्रभवान्कामांस्त्यक्त्वा सर्वानशेषतः।
मनसैवेन्द्रियग्रामं विनियम्य समन्ततः॥
शनैः शनैरुपरमेद्बुद्ध्या धृतिगृहीतया।
आत्मसंस्थं मनः कृत्वा न किंचिदपि चिन्तयेत्॥24-25॥

यतो यतो निश्चरति मनश्चञ्चलमस्थिरम्।
ततस्ततो नियम्यैतदात्मन्येव वशं नयेत्॥26॥

प्रशान्तमनसं ह्येनं योगिनं सुखमुत्तमम्।
उपैति शान्तरजसं ब्रह्मभूतमकल्मषम्॥27॥

इस प्रकार गतकल्मष योगी,
अविरत आत्मयुक्त,
सुखपूर्वक
ब्रह्मस्पर्श का
आत्यंतिक सुख अनुभव करता (28)

योगयुक्त जो
समदर्शी है,
सभी जगह पर,
वह आत्मा को
सर्वभूत स्थित,
और सर्वभूतों को, अर्जुन,
आत्मस्थित देखा करता है (29)

पार्थ, देखता है जो
सब में मुझे और
मुझ में सब को,
मैं उसके लिए अदृश्य न होता,
वह भी मेरे लिए न होता (30)

युञ्जन्नेवं सदात्मानं योगी विगतकल्मषः।
सुखेन ब्रह्मसंस्पर्शमत्यन्तं सुखमश्नुते॥28॥

सर्वभूतस्थमात्मानं सर्वभूतानि चात्मनि।
ईक्षते योगयुक्तात्मा सर्वत्र समदर्शनः॥29॥

यो मां पश्यति सर्वत्र सर्वं च मयि पश्यति।
तस्याहं न प्रणश्यामि स च मे न प्रणश्यति॥30॥

जो एकत्व-अवस्थित योगी
मुझको भजता—
मुझे सर्वभूतस्थ—
पार्थ, वह
सब प्रकार बर्तता हुआ भी
मुझमें ही बर्तता सदा है (31)

ऐसा योगी
जो सब भूतों को
आत्मोपम-सम,
सब में सुख-दुख को भी सम
देखा करता,
परम श्रेष्ठ है। (32)

ऐसा सुनकर अर्जुन बोले,
'साम्य भाव से
योग आपने जो बतलाया,
हे मधुसूदन,
मन चंचल होने से,
उसकी सुस्थिरता मैं नहीं देखता (33)

सर्वभूतस्थितं यो मां भजत्येकत्वमास्थितः।
सर्वथा वर्तमानोऽपि स योगी मयि वर्तते॥31॥

आत्मौपम्येन सर्वत्र समं पश्यति योऽर्जुन।
सुखं वा यदि वा दुःखं स योगी परमो मतः॥32॥

योऽयं योगस्त्वया प्रोक्तः साम्येन मधुसूदन।
एतस्याहं न पश्यामि चञ्चलत्वात्स्थितिं स्थिराम्॥33॥

मन चंचल है,
प्रमथनकारी,
दृढ़, बलशाली;
उसका निग्रह उतना ही दुष्कर है
जितना वायु-विनिग्रह (34)

कहा कृष्ण ने,
'महाबाहु,
निःसंशय मन चंचल, दुर्निग्रह,
किन्तु उसे अभ्यास और वैराग्य
संयमित कर सकते हैं (35)

असंयतात्म नहीं पाता है
योग, परंतप,
यत्नशील, वश्यात्म,
उपाय करे तो,
उसको पा सकता है,
मेरा मत है' (36)

चञ्चलं हि मनः कृष्ण प्रमाथि बलवद्दृढम्।
तस्याहं निग्रहं मन्ये वायोरिव सुदुष्करम्॥34॥

असंशयं महाबाहो मनो दुर्निग्रहं चलम्।
अभ्यासेन तु कौन्तेय वैराग्येण च गृह्यते॥35॥

असंयतात्मना योगो दुष्प्राप इति मे मतिः।
वश्यात्मना तु यतता शक्योऽवाप्तुमुपायतः॥36॥

ऐसा सुनकर अर्जुन बोले,
'अच्युत,
श्रद्धा-संयम युत, योगच्युत नर,
संसिद्धि न पाकर,
किस गति को पाता, बतलाएँ (37)

माया-पथ तज,
कृष्ण,
ब्रह्म-पथ पर विमूढ़
जो अप्रतिष्ठ,
क्या उभय-भ्रष्ट
वह नष्ट नहीं छिन्नाभ्र की तरह
हो जाता है (38)

कृष्ण, आप ही
मेरे इस संशय का छेदन
पूर्ण रीति से कर सकते हैं;
सिवा आपके
इस संशय का छेदन करने वाला
मुझको नहीं दीखता (39)

अयतिः श्रद्धयोपेतो योगाच्चलितमानसः।
अप्राप्य योगसंसिद्धिं कां गतिं कृष्ण गच्छति॥37॥

कच्चिन्नोभयविभ्रष्टश्छिन्नाभ्रमिव नश्यति।
अप्रतिष्ठो महाबाहो विमूढो ब्रह्मणः पथि॥38॥

एतन्मे संशयं कृष्ण छेत्तुमर्हस्यशेषतः।
त्वदन्यः संशयस्यास्य छेत्ता न ह्युपपद्यते॥39॥

कहा कृष्ण ने,
'मर्त्यलोक या अन्यलोक में
उसका नाश नहीं होता है;
जो कल्याण-कर्म करता है,
उसकी दुर्गति, पार्थ, न होती (40)

योगभ्रष्ट नर,
पुण्य कर्म करने वालों के लोकों में जा,
बहुत समय बस,
शुचि श्रीमन्तों के घर
जन्म ग्रहण करता है (41)

या धीमन्त योगियों के कुल में
वह जन्म ग्रहण करता है;
इस प्रकार का जन्म
लोक में अति दुर्लभ है (42)

पार्थ नैवेह नामुत्र विनाशस्तस्य विद्यते।
न हि कल्याणकृत्कश्चिद्दुर्गतिं तात गच्छति॥40॥

प्राप्य पुण्यकृतां लोकानुषित्वा शाश्वतीः समाः।
शुचीनां श्रीमतां गेहे योगभ्रष्टोऽभिजायते॥41॥

अथवा योगिनामेव कुले भवति धीमताम्।
एतद्धि दुर्लभतरं लोके जन्म यदीदृशम्॥42॥

और वहाँ वह
पूर्वजन्म के
बुद्धियोग के संस्कारों को पा जाता है,
और पुनः संसिद्धि के लिए
यत्नशील बनता, कुरुनन्दन (43)

वह माया के वश हो तो भी
उसको पूर्वाभ्यास
ब्रह्म की ओर खींचता;
शब्द-ब्रह्म का उल्लंघन तो, पार्थ,
योग-जिज्ञासु पुरुष भी कर जाता है (44)

बहु जन्मों के संस्कारों से सिद्ध हुए जो
यत्नशील अभ्यासी योगी,
पाप-शुद्ध हो, पार्थ,
परम गति को पाते हैं (45)

तत्र तं बुद्धिसंयोगं लभते पौर्वदेहिकम्।
यतते च ततो भूयः संसिद्धौ कुरुनन्दन॥43॥

पूर्वाभ्यासेन तेनैव ह्रियते ह्यवशोऽपि सः।
जिज्ञासुरपि योगस्य शब्दब्रह्मातिवर्तते॥44॥

प्रयत्नाद्यतमानस्तु योगी संशुद्धकिल्बिषः।
अनेकजन्मसंसिद्धस्ततो याति परां गतिम्॥45॥

कर्मयोग-योगी,
तपस्वियों,
शास्त्र-ज्ञानियों,
काम-कर्मियों से,
अधिक श्रेष्ठ है, अर्जुन,
इससे कर्मयोग-योगी बन (46)

सर्व योगियों में भी
जो श्रद्धा वाला है,
जो मुझमें रत
अन्तरात्मा से
मुझको भजने वाला है,
वह, भरतर्षभ,
परम युक्त है, परम श्रेष्ठ है (47)

तपस्विभ्योऽधिको योगी ज्ञानिभ्योऽपि मतोऽधिकः।
कर्मिभ्यश्चाधिको योगी तस्माद्योगी भवार्जुन॥46॥

योगिनामपि सर्वेषां मद्गतेनान्तरात्मना।
श्रद्धावान्भजते यो मां स मे युक्ततमो मतः॥47॥

अध्याय 7

ज्ञानविज्ञान योग

कहा कृष्ण ने,
'पृथा-पुत्र,
तू योग-युक्त रह,
मेरे प्रति आसक्तिमना हो,
मेरे आश्रित,
मुझे पूर्णतः
जिस प्रकार निःसंशय जानेगा,
मुझ से सुन (1)

सविज्ञान
सम्पूर्ण ज्ञान,
भारत, मैं तेरे लिए कहूँगा;
जिसे जानकर,
इस जग में
ज्ञातव्य नहीं कुछ रह जाता है (2)

मय्यासक्तमनाः पार्थ योगं युञ्जन्मदाश्रयः।
असंशयं समग्रं मां यथा ज्ञास्यसि तच्छृणु॥1॥

ज्ञानं तेऽहं सविज्ञानमिदं वक्ष्याम्यशेषतः।
यज्ज्ञात्वा नेह भूयोऽन्यज्ज्ञातव्यमवशिष्यते॥2॥

सिद्धि प्राप्ति के लिए
हज़ारों में कोई
सयत्न होता है;
औ’ सयत्न सिद्धों में कोई,
पार्थ, मुझे तत्वतः जानता है (3)

क्षिति, जल, पावक,
पवन, गगन;
मन, बुद्धि, अहं में
आठ तरह से
मेरी प्रकृति बँटी,
अर्जुन (4)

इसको अपरा जान;
दूसरी इससे मेरी परा प्रकृति है,
जीवरूपिणी,
जो यह सारा जगत, परंतप,
धारण करती (5)

मनुष्याणां सहस्रेषु कश्चिद्यतति सिद्धये।
यततामपि सिद्धानां कश्चिन्मां वेत्ति तत्त्वतः॥3॥

भूमिरापोऽनलो वायुः खं मनो बुद्धिरेव च।
अहंकार इतीयं मे भिन्ना प्रकृतिरष्टधा॥4॥

अपरेयमितस्त्वन्यां प्रकृतिं विद्धि मे पराम्।
जीवभूतां महाबाहो ययेदं धार्यते जगत्॥5॥

सर्वभूत उत्पन्न हुए हैं
इन दोनों से;
प्रभव-प्रलय सम्पूर्ण जगत का
केवल मैं हूँ (6)

कुछ भी ऐसा
कहीं नहीं है
जो हो मुझसे अलग, धनंजय;
इस जग के सब
मुझ में ऐसे गुँथे हुए हैं,
जैसे मणियाँ गुँथी सूत्र में (7)

प्रणव वेद में,
शब्द गगन में,
प्रभा सूर्य-शशि में,
रस जल में,
औ' पुरुषों में
पौरुष मैं हूँ (8)

एतद्योनीनि भूतानि सर्वाणीत्युपधारय।
अहं कृत्स्नस्य जगतः प्रभवः प्रलयस्तथा॥6॥

मत्तः परतरं नान्यत्किंचिदस्ति धनंजय।
मयि सर्वमिदं प्रोतं सूत्रे मणिगणा इव॥7॥

रसोऽहमप्सु कौन्तेय प्रभास्मि शशिसूर्ययोः।
प्रणवः सर्ववेदेषु शब्दः खे पौरुषं नृषु॥8॥

भारत, पुण्य गंध पृथ्वी में,
तेज अग्नि में,
जीवन-शक्ति सर्व भूतों में,
औ' तपस्वियों में
तप मैं हूँ (9)

बुद्धिमान का, तेजवान का
बुद्धि, तेज मैं;
सर्व भूत का
बीज सनातन
जान मुझे ही (10)

बलवानों का
बल मैं कामासक्ति विवर्जित;
सर्व भूत में काम,
धर्म-अविरुद्ध,
अनघ, जो (11)

पुण्यो गन्धः पृथिव्यां च तेजश्चास्मि विभावसौ ।
जीवनं सर्वभूतेषु तपश्चास्मि तपस्विषु॥9॥

बीजं मां सर्वभूतानां विद्धि पार्थ सनातनम् ।
बुद्धिर्बुद्धिमतामस्मि तेजस्तेजस्विनामहम्॥10॥

बलं बलवतां चाहं कामरागविवर्जितम् ।
धर्माविरुद्धो भूतेषु कामोऽस्मि भरतर्षभ॥11॥

सात्विक, राजस, तामस भाव–
सभी मुझसे ही होने वाले
जान, धनंजय;
किन्तु न उनमें मैं हूँ
और न मुझमें वे हैं (12)

गुणमय इन तीनों भावों से
यह सारा संसार विमोहित;
इसीलिए वह
इन तीनों से परे, परंतप,
मुझ अव्यय को नहीं जानता (13)

त्रिगुणमयी यह
मेरी दैवी माया,
पार्थ, बड़ी दुस्तर है;
जो मुझको अविरत भजते हैं,
वे इस माया को तरते हैं (14)

ये चैव सात्त्विका भावा राजसास्तामसाश्च ये।
मत्त एवेति तान्विद्धि न त्वहं तेषु ते मयि॥12॥

त्रिभिर्गुणमयैर्भावैरेभिः सर्वमिदं जगत्।
मोहितं नाभिजानाति मामेभ्यः परमव्ययम्॥13॥

दैवी ह्येषा गुणमयी मम माया दुरत्यया।
मामेव ये प्रपद्यन्ते मायामेतां तरन्ति ते॥14॥

माया जिनका ज्ञान
अपहरण कर लेती है,
ऐसे, भारत,
आसुरभावाश्रयी, नराधम,
दुष्कृति मूढ़ न मुझको भजते (15)

चार तरह के कृती,
पार्थ, मुझको भजते हैं–
वे ज्ञानी, जिज्ञासु
आर्त, अर्थार्थी जन हैं (16)

उनमें, अर्जुन,
एकभक्ति औ' नित्ययुक्त
ज्ञानी विशिष्ट है;
ज्ञानी को मैं अतिशय प्रिय हूँ,
औ' ज्ञानी भी मुझको प्रिय है (17)

न मां दुष्कृतिनो मूढ़ाः प्रपद्यन्ते नराधमाः ।
माययापहृतज्ञाना आसुरं भावमाश्रिताः॥15॥

चतुर्विधा भजन्ते मां जनाः सुकृतिनोऽर्जुन ।
आर्तो जिज्ञासुरर्थार्थी ज्ञानी च भरतर्षभ॥16॥

तेषां ज्ञानी नित्ययुक्त एकभक्तिर्विशिष्यते ।
प्रियो हि ज्ञानिनोऽत्यर्थमहं स च मम प्रियः॥17॥

सब उदार ये,
पर ज्ञानी मेरा स्वरूप ही,
यह मत मेरा;
युक्तात्मा वह
अत्युत्तम-गति-रूप मुझी में
स्थित है, भारत (18)

बहु जन्मांत जन्म में
ज्ञानी
'वासुदेव ही सब कुछ', ऐसा मान
पार्थ, मुझको भजता है;
वह महात्मा अति दुर्लभ है (19)

भोग-कामनाओं ने
जिनके ज्ञान हरे हैं,
निज स्वभाव से प्रेरित वे नर,
नियम साधकर,
अन्य देवताओं को भजते (20)

उदाराः सर्व एवैते ज्ञानी त्वात्मैव मे मतम्।
आस्थितः स हि युक्तात्मा मामेवानुत्तमां गतिम्॥18॥

बहूनां जन्मनामन्ते ज्ञानवान्मां प्रपद्यते।
वासुदेवः सर्वमिति स महात्मा सुदुर्लभः॥19॥

कामैस्तैस्तैर्हृतज्ञानाः प्रपद्यन्तेऽन्यदेवताः।
तं तं नियममास्थाय प्रकृत्या नियताः स्वया॥20॥

जो-जो भक्त सकामी
जिस-जिस देव रूप के
पूजन की इच्छा करता है,
उस-उसकी मैं उसी-उसी में
श्रद्धा, पार्थ,
अचल कर देता (21)

उस श्रद्धा से युक्त,
उसी के आराधन की चेष्टा करता,
वह उससे
मेरे द्वारा ही विहित किए
इच्छित भोगों को,
निःसन्देह, प्राप्त करता है (22)

ऐसे अल्पबुद्धि लोगों के
वे फल-भोग अन्तवत् होते।
देवों के पूजक, भारत, देवों को पाते,
मेरे भक्त मुझे पाते हैं (23)

यो यो यां यां तनुं भक्तः श्रद्धयार्चितुमिच्छति।
तस्य तस्याचलां श्रद्धां तामेव विदधाम्यहम्॥21॥

स तया श्रद्धया युक्तस्तस्याराधनमीहते।
लभते च ततः कामान्मयैव विहितान्हि तान्॥22॥

अन्तवत्तु फलं तेषां तद्भवत्यल्पमेधसाम्।
देवान्देवयजो यान्ति मद्भक्ता यान्ति मामपि॥23॥

बुद्धिरहित जो,
मेरे अव्यय और अनुत्तम
परम भाव से
अनजाने रह,
अव्यक्त मुझे वे
व्यक्ति भाव आपन्न मानते (24)

पार्थ,
योग माया से आवृत्त
मैं सबके प्रत्यक्ष न होता।
मूढ़ लोग जो,
मुझ अज-अव्यय को न जानते (25)

जो अतीत में समा गए,
जो वर्तमान हैं,
जो भविष्य में होने वाले,
अर्जुन, मैं सबका ज्ञाता हूँ,
मुझको कोई नहीं जानता (26)

अव्यक्तं व्यक्तिमापन्नं मन्यन्ते मामबुद्धयः।
परं भावमजानन्तो ममाव्ययमनुत्तमम्॥24॥

नाहं प्रकाशः सर्वस्य योगमायासमावृतः।
मूढोऽयं नाभिजानाति लोको मामजमव्ययम्॥25॥

वेदाहं समतीतानि वर्तमानानि चार्जुन।
भविष्याणि च भूतानि मां तु वेद न कश्चन॥26॥

इस जगती में
इच्छा-द्वेष-जनित
सुख-दुख के द्वन्द्व-मोह से
सारे प्राणी सम्मोहित हैं। (27)

पुण्य-कर्म-रत जो हैं,
जिनके पाप कट गए,
हे भरतर्षभ,
द्वन्द्व-मोह से मुक्त, दृढ़व्रत
मुझको भजते (28)

जो नर
मेरे आश्रित होकर
जरा मरण से मोक्ष के लिए,
यत्नशील हैं,
ब्रह्म, पूर्ण अध्यात्म, पूर्ण कर्मों के
ज्ञाता (29)

इच्छाद्वेषसमुत्थेन द्वन्द्वमोहेन भारत।
सर्वभूतानि संमोहं सर्गे यान्ति परंतप॥27॥

येषां त्वन्तगतं पापं जनानां पुण्यकर्मणाम्।
ते द्वन्द्वमोहनिर्मुक्ता भजन्ते मां दृढव्रताः॥28॥

जरामरणमोक्षाय मामाश्रित्य यतन्ति ये।
ते ब्रह्म तद्विदुः कृत्स्नमध्यात्मं कर्म चाखिलम्॥29॥

साधिभूत औ'
साधिदैव औ'
साधियज्ञ जो
अन्त काल में भी, कुरुनन्दन,
मुझे जानते,
युक्त चित्त वाले वे नर
मुझको ही पाते (30)

साधिभूताधिदैवं मां साधियज्ञं च ये विदुः ।
प्रयाणकालेऽपि च मां ते विदुर्युक्तचेतसः॥30॥

अध्याय 8

अक्षरब्रह्म योग

ऐसा सुनकर अर्जुन बोले,
'अच्युत, क्या है ब्रह्म,
कर्म, अध्यात्म?—बताएँ।
प्रभु, क्या है अधिभूत,
और अधिदैव?—
इन्हें जानना चाहूँगा।
और कौन अधियज्ञ,
किस तरह इस शरीर में?
औ' जितात्म जन द्वारा कैसे,
अन्तकाल में,
नाथ, आप जाने जाते हैं (1-2)

किं तद्ब्रह्म किमध्यात्मं किं कर्म पुरुषोत्तम।
अधिभूतं च किं प्रोक्तमधिदैवं किमुच्यते॥
अधियज्ञः कथं कोऽत्र देहेऽस्मिन्मधुसूदन।
प्रयाणकाले च कथं ज्ञेयोऽसि नियतात्मभिः॥1-2॥

कहा कृष्ण ने,
'अर्जुन, अक्षर परम ब्रह्म है,
जो स्वभाव अध्यात्म वही है,
जिस विसर्ग से
भूतभाव का उद्‌भव होता,
कर्म उसी को कहा गया है (3)

क्षरभावी अधिभूत,
और अधिदैव पुरुष है;
इस शरीर में वासुदेव
अधियज्ञ, पार्थ, मैं (4)

अन्तकाल में
करता मेरा स्मरण, धनंजय,
मुक्तकलेवर जो होता है,
वह मद्‌भाव प्राप्त करता है;
इसमें संशय लेश नहीं है (5)

अक्षरं ब्रह्म परमं स्वभावोऽध्यात्ममुच्यते।
भूतभावोद्भवकरो विसर्गः कर्मसंज्ञितः॥3॥

अधिभूतं क्षरो भावः पुरुषश्चाधिदैवतम्।
अधियज्ञोऽहमेवात्र देहे देहभृतां वर॥4॥

अन्तकाले च मामेव स्मरन्मुक्त्वा कलेवरम्।
यः प्रयाति स मद्भावं याति नास्त्यत्र संशयः॥5॥

कौन्तेय, नर
अन्तकाल में,
जो-जो भाव हृदय में रखकर,
मुक्तकलेवर होता है,
उस-उसको पाता—
उसी भाव में सिक्त सदा रहने के
कारण (6)

इसीलिए सब समय निरन्तर
करता मेरा स्मरण समर कर;
मनोबुद्धि अर्पित कर मुझको
निःसंशय तू,
पार्थ, मुझी को प्राप्त करेगा (7)

पुरुष,
युक्त अभ्यास योग से,
अडिग चित्त से,
परम पुरुष का चिन्तन करता,
परम दिव्य को पाता, अर्जुन (8)

यं यं वापि स्मरन्भावं त्यजत्यन्ते कलेवरम्।
तं तमेवैति कौन्तेय सदा तद्भावभावितः॥6॥

तस्मात्सर्वेषु कालेषु मामनुस्मर युध्य च।
मय्यर्पितमनोबुद्धिर्मामेवैष्यस्यसंशयम्॥7॥

अभ्यासयोगयुक्तेन चेतसा नान्यगामिना।
परमं पुरुषं दिव्यं याति पार्थानुचिन्तयन्॥8॥

तमस् परे, आदित्यवर्ण,
सूक्ष्मातिसूक्ष्म,
सर्वज्ञ, अनादि, अचिन्त्य, नियंता,
जग के धाता का, भारत, जो
चिन्तन करता,
भक्तियुक्त वह
अन्तकाल में
योग शक्ति से
भृकुटि मध्य में
प्राण पूर्णतः प्रस्थापित कर,
निश्चल मन से,
परम पुरुष का चिन्तन करता,
अर्जुन, दिव्य परम को पाता (9-10)

जिसे वेदविद् अक्षर कहते,
यती, परंतप, वीतराग होकर
जिसमें प्रवेश करते हैं,
जिसके इच्छुक
ब्रह्मचर्य व्रत धारत करते,
उस पद को, संक्षेप रूप से,
अब मैं तेरे लिए कहूँगा (11)

कविं पुराणमनुशासितारमणोरणीयांसमनुस्मरेद्यः।
सर्वस्य धातारमचिन्त्यरूपमादित्यवर्णं तमसः परस्तात्॥
प्रयाणकाले मनसाचलेन भक्त्या युक्तो योगबलेन चैव।
भ्रुवोर्मध्ये प्राणमावेश्य सम्यक् स तं परं पुरुषमुपैति दिव्यम्॥9-10॥

यदक्षरं वेदविदो वदन्ति विशन्ति यद्यतयो वीतरागाः।
यदिच्छन्तो ब्रह्मचर्यं चरन्ति तत्ते पदं संग्रहेण प्रवक्ष्ये॥11॥

सभी इन्द्रियों को संयत कर,
हृदय-देश में मन सुस्थिर कर,
प्राण प्रतिष्ठित कर मूर्द्धा में,
योग धारणा में सुस्थित हो,
जो एकाक्षर ब्रह्म
ओउम् को जपता
मेरा चिन्तन करता,
देह त्याग वह पुरुष
परम गति को पाता है (12-13)

मुझ में लीन, अनन्य चित्त से
नित्य, निरन्तर,
मेरा ही चिन्तन करता जो,
नित्ययुक्त उस योगी को मैं,
पार्थ, सुलभ हूँ (14)

सर्वद्वाराणि संयम्य मनो हृदि निरुध्य च।
मूर्ध्न्याधायात्मनः प्राणमास्थितो योगधारणाम्॥

ओमित्येकाक्षरं ब्रह्म व्याहरन्मामनुस्मरन्।
यः प्रयाति त्यजन्देहं स याति परमां गतिम्॥12-13॥

अनन्यचेताः सततं यो मां स्मरति नित्यशः।
तस्याहं सुलभः पार्थ नित्ययुक्तस्य योगिनः॥14॥

अनघ, महात्माजन जो ऐसे,
परम सिद्धि कर प्राप्त,
प्राप्त कर के मुझको ही,
पुनर्जन्म,
दुःखालय और अशाश्वत,
ग्रहण नहीं करते हैं (15)

ब्रह्मलोक तक
जितने भी हैं लोक
सभी पुनरावर्ती हैं;
लेकिन मुझको पा लेने पर
पुनर्जन्म, कौन्तेय, न होता (16)

ब्रह्मा का दिन
एक सहस्त्र युगों का होता,
रात बड़ी उतनी ही होती;
जो इसको जानते
वही हैं अहोरात्रविद् (17)

मामुपेत्य पुनर्जन्म दुःखालयमशाश्वतम् ।
नाप्नुवन्ति महात्मानः संसिद्धिं परमां गताः॥15॥

आब्रह्मभुवनालोकाः पुनरावर्तिनोऽर्जुन ।
मामुपेत्य तु कौन्तेय पुनर्जन्म न विद्यते॥16॥

सहस्रयुगपर्यन्तमहर्यद्ब्रह्मणो विदुः ।
रात्रिं युगसहस्रान्तां तेऽहोरात्रविदो जनाः॥17॥

ब्रह्म-उषा में,
व्यक्त सभी अव्यक्त सूक्ष्म से
बाहर आता;
ब्रह्म-साँझ में
व्यक्त सभी अव्यक्त सूक्ष्म में
लय हो जाता (18)

इसी तरह से
भूतग्राम ये,
अनघ, अवश,
हर सृष्टि-उषा में बाहर आते,
सृष्टि-साँझ में सबके सब अव्यक्त
समाते (19)

उस अव्यक्त से परे,
एक और अव्यक्त भाव है,
जो कि सनातन;
सर्वभूत के मिटने पर भी
नष्ट न होता, (20)

अव्यक्ताद्व्यक्तयः सर्वाः प्रभवन्त्यहरागमे।
रात्र्यागमे प्रलीयन्ते तत्रैवाव्यक्तसंज्ञके॥18॥

भूतग्रामः स एवायं भूत्वा भूत्वा प्रलीयते।
रात्र्यागमेऽवशः पार्थ प्रभवत्यहरागमे॥19॥

परस्तस्मात्तु भावोऽन्योऽव्यक्तोऽव्यक्तात्सनातनः।
यः स सर्वेषु भूतेषु नश्यत्सु न विनश्यति॥20॥

वह अक्षर-अव्यक्त
परम गति कहा गया है;
जिसे प्राप्त कर नर
न निवर्तित होते,
मेरा परम धाम है (21)

सर्वभूत
जिसके अन्तर्गत
सर्वभूत
जिससे परिपूरित,
पार्थ, अनन्य भक्ति के द्वारा
ही उसको पाया जाता है (22)

देह मुक्त योगी
जिस पथ से जाकर
पुनरावर्तित होते,
जिस पथ से, कौंतेय,
न होते;
दोनों तेरे लिए कहूँगा (23)

अव्यक्तोऽक्षर इत्युक्तस्तमाहुः परमां गतिम्।
यं प्राप्य न निवर्तन्ते तद्धाम परमं मम॥21॥

पुरुषः स परः पार्थ भक्त्या लभ्यस्त्वनन्यया।
यस्यान्तःस्थानि भूतानि येन सर्वमिदं ततम्॥22॥

यत्र काले त्वनावृत्तिमावृत्तिं चैव योगिनः।
प्रयाता यान्ति तं कालं वक्ष्यामि भरतर्षभ॥23॥

जो ज्योतिर्मय–
और अग्निमय,
शुक्ल अहोमय,
उत्तरायणी सूर्य-काल-मय,
उस पथ से जा
देहमुक्त ब्रह्मज्ञ
ब्रह्म को पाते, अर्जुन (24)

जो धूमावृत,
कृष्ण रात्रिमय,
दक्षिणायणी सूर्य-काल-मय,
चन्द्रावर्ती उस पथ से जा
योगी पुनरावर्तित होते (25)

शुक्ल-कृष्ण,
जग के दोनों पथ,
पार्थ, सनातन कहे गए हैं।
अनावृत्ति-गति एक,
दूसरा पुनः-पुनः आवर्तित होता (26)

अग्निर्ज्योतिरहः शुक्लः षण्मासा उत्तरायणम्।
तत्र प्रयाता गच्छन्ति ब्रह्म ब्रह्मविदो जनाः॥24॥

धूमो रात्रिस्तथा कृष्णः षण्मासा दक्षिणायनम्।
तत्र चान्द्रमसं ज्योतिर्योगी प्राप्य निवर्तते॥25॥

शुक्लकृष्णे गती ह्येते जगतः शाश्वते मते।
एकया यात्यनावृत्तिमन्ययावर्तते पुनः॥26॥

इन दोनों का ज्ञाता
कोई योगी
नहीं विमोहित होता;
इससे, अर्जुन,
सब कालों में
योगयुक्त बन (27)

भारत, योगी
इसे जानकर,
वेद, यज्ञ, तप, दान, पुण्यफल का,
निश्चय ही, अतिक्रमण कर
आद्य परम पद को पाता है (28)

नैते सृती पार्थ जानन्योगी मुह्यति कश्चन।
तस्मात्सर्वेषु कालेषु योगयुक्तो भवार्जुन॥27॥

वेदेषु यज्ञेषु तपःसु चैव
दानेषु यत्पुण्यफलं प्रदिष्टम्।
अत्येति तत्सर्वमिदं विदित्वा
योगी परं स्थानमुपैति चाद्यम्॥28॥

अध्याय 9

राजविद्याराजगुह्य योग

कहा कृष्ण ने,
'अनघ धनंजय,
मैं तुझको
विज्ञान सहित जो ज्ञान गुह्यतम
बतलाऊँगा,
उसे जानकर तुझे अशुभ से मोक्ष
मिलेगा (1)

पार्थ, ज्ञान यह
सब विद्याओं का राजा है,
राजगुह्य है,
धर्मयुक्त, उत्तम, पवित्र है,
सुगम साध्य, प्रत्यक्ष फलप्रद है,
अव्यय है (2)

इदं तु ते गुह्यतमं प्रवक्ष्याम्यनसूयवे।
ज्ञानं विज्ञानसहितं यज्ज्ञात्वा मोक्ष्यसेऽशुभात्॥1॥

राजविद्या राजगुह्यं पवित्रमिदमुत्तमम्।
प्रत्यक्षावगमं धर्म्यं सुसुखं कर्तुमव्ययम्॥2॥

किन्तु, परंतप,
जो श्रद्धा से रहित पुरुष हैं,
वे इस ज्ञान-धर्म में मुझको
प्राप्त न करके,
मृत्यु रूप संसार-वर्त्म में भ्रमते रहते (3)

मुझ अव्यक्त-मूर्ति के द्वारा
यह सारा जग परिव्याप्त है;
सर्वभूत, भारत, मुझमें स्थित,
पर मैं उनमें नहीं अवस्थित (4)

सर्वभूत मुझमें न अवस्थित;
योगैश्वर्य देख तो मेरा,
सर्वभूतभृत,
सर्व भूतभावन भी होकर,
मेरी आत्मा, पृथा-पुत्र,
भूतस्थ नहीं है (5)

अश्रद्दधानाः पुरुषा धर्मस्यास्य परंतप।
अप्राप्य मां निवर्तन्ते मृत्युसंसारवर्त्मनि॥3॥

मया ततमिदं सर्वं जगदव्यक्तमूर्तिना।
मत्स्थानि सर्वभूतानि न चाहं तेष्ववस्थितः॥4॥

न च मत्स्थानि भूतानि पश्य मे योगमैश्वरम्।
भूतभृन्न च भूतस्थो ममात्मा भूतभावनः॥5॥

जिस प्रकार से
वायु महान, पार्थ, सर्वत्रग
आकाशस्थित रहने वाला,
उसी तरह से ऐसा जान कि
सर्वभूत मुझमें स्थित वाले (6)

कालक्षय पर
मेरी प्रकृति सभी भूतों को
अपने में लय कर लेती है;
कल्पारंभ काल में फिर मैं
सबका सृजन किया करता हूँ (7)

अर्जुन अपनी प्रकृति साथ ले,
इस, स्वभाव-वश-विवश समूचे भूतग्राम का
बारम्बार सृजन करता मैं (8)

यथाकाशस्थितो नित्यं वायुः सर्वत्रगो महान् ।
तथा सर्वाणि भूतानि मत्स्थानीत्युपधारय॥6॥

सर्वभूतानि कौन्तेय प्रकृतिं यान्ति मामिकाम् ।
कल्पक्षये पुनस्तानि कल्पादौ विसृजाम्यहम्॥7॥

प्रकृतिं स्वामवष्टभ्य विसृजामि पुनः पुनः ।
भूतग्राममिमं कृत्स्नमवशं प्रकृतेर्वशात्॥8॥

इन कर्मों के प्रति
असक्त औ' उदासीनवत्
समासीन रहने के कारण
बाँध नहीं वे मुझको सकते (9)

मुझको ही अध्यक्ष जान
यह मेरी माया
सब सचराचर जग रचती है;
यही हेतु है
जिससे यह जग
सृष्टि-प्रलय क्रम में भ्रमता है (10)

जो विमूढ़ हैं,
भूत-महेश्वर परम भाव से मेरे,
अजान रह,
जन साधारण मुझे समझते (11)

न च मां तानि कर्माणि निबध्नन्ति धनंजय।
उदासीनवदासीनमसक्तं तेषु कर्मसु॥9॥

मयाध्यक्षेण प्रकृतिः सूयते सचराचरम्।
हेतुनानेन कौन्तेय जगद्विपरिवर्तते॥10॥

अवजानन्ति मां मूढा मानुषीं तनुमाश्रितम्।
परं भावमजानन्तो मम भूतमहेश्वरम्॥11॥

वे अज्ञानी
मोघाशा हैं,
मोघकर्म हैं,
मोघज्ञान हैं,
राक्षस-असुर-प्रकृति-सम्मोहित हैं,
भरतर्षभ (12)

पर जो दैवी-प्रकृति महात्मा,
वे अनन्यमन, सर्वभूत का कारण, अव्यय
मुझे जानकर,
मुझको भजते (13)

पार्थ, दृढ़व्रत, यत्नशील वे
मेरा कीर्तिगान करते हैं;
नमस्कार कर मुझे, निरन्तर,
नित्यमुक्त वे
भक्ति भाव से मेरी उपासना करते हैं (14)

मोघाशा मोघकर्माणो मोघज्ञाना विचेतसः ।
राक्षसीमासुरीं चैव प्रकृतिं मोहिनीं श्रिताः॥12॥

महात्मानस्तु मां पार्थ दैवीं प्रकृतिमाश्रिताः ।
भजन्त्यनन्यमनसो ज्ञात्वा भूतादिमव्ययम्॥13॥

सततं कीर्तयन्तो मां यतन्तश्च दृढ़व्रताः ।
नमस्यन्तश्च मां भक्त्या नित्ययुक्ता उपासते॥14॥

कुछ मुझमें एकत्व भाव रख,
ज्ञान-यज्ञ से,
मुझ निर्गुण औ' निराकार को उपासते हैं,
कुछ, पृथक भाव रख,
बहु प्रकार से,
मेरा पूजन-अर्चन करते (15)

क्रतु हूँ,
मैं ही यज्ञ, धनंजय;
हुत, घृत, पावक, मन्त्र,
स्वधा, ओषधि मैं ही हूँ (16)

मैं ही माता, पिता और धाता
जग का हूँ,
मैं ही पार्थ, पितामह;
मैं ही एक जानने योग्य
पूत ओंकार,
साम, ऋक्, यजुर्वेद हूँ (17)

ज्ञानयज्ञेन चाप्यन्ये यजन्तो मामुपासते।
एकत्वेन पृथक्त्वेन बहुधा विश्वतोमुखम्॥15॥

अहं क्रतुरहं यज्ञः स्वधाहमहमौषधम्।
मन्त्रोऽहमहमेवाज्यमहमग्निरहं हुतम्॥16॥

पिताहमस्य जगतो माता धाता पितामहः।
वेद्यं पवित्रमोंकार ऋक्साम यजुरेव च॥17॥

अर्जुन, मैं ही
गति, भर्त्ता, प्रभु, साक्षी,
सुहृद, निवास, शरण भी;
सबका स्थान, निधान, बीज भी अव्यय मैं ही,
प्रभव, प्रलय भी (18)

सूर्य रूप तप
मैं ही जल का आकर्षक,
मैं ही जल-वर्षक,
अमृत-मृत्यु मैं,
सत्य-असत् मैं (19)

वेदों के अनुसार,
सोमरस पीने वाले पूतपाप,
यज्ञों से मेरा पूजन करके,
स्वर्ग-प्राप्ति के लिए
प्रार्थना करते, भारत,
और पुण्यबल इन्द्रलोक में
स्थान प्राप्त कर,
देव भोग वे दिव्य भोगते (20)

गतिर्भर्ता प्रभुः साक्षी निवासः शरणं सुहृत्।
प्रभवः प्रलयः स्थानं निधानं बीजमव्ययम्॥18॥

तपाम्यहमहं वर्षं निगृह्णाम्युत्सृजामि च।
अमृतं चैव मृत्युश्च सदसच्चाहमर्जुन॥19॥

त्रैविद्या मां सोमपाः पूतपापा यज्ञैरिष्ट्वा स्वर्गतिं प्रार्थयन्ते।
ते पुण्यमासाद्य सुरेन्द्रलोकमश्नन्ति दिव्यान्दिवि देवभोगान्॥20॥

त्रयीधर्म के अनुप्रपन्न वे,
पुरुष सकामी,
पुनरावर्तन गति पाते हैं;
पार्थ, विशाल सुरेन्द्रलोक-सुख भोग,
पुण्य के क्षय होने पर,
मर्त्यलोक में फिर जाते हैं (21)

जो अनन्य-मन हो
मेरा चिन्तन करते,
मुझको भजते हैं,
नित्ययुक्त उन भक्तजनों का
योगक्षेम वहन करता मैं (22)

श्रद्धान्वित जो भक्त
दूसरे देवों की पूजा करते हैं,
पृथा-पुत्र, वे भी, निःसंशय,
मेरी ही पूजा करते हैं,
यद्यपि वह विधिपूर्ण न होती (23)

**ते तं भुक्त्वा स्वर्गलोकं विशालं
क्षीणे पुण्ये मर्त्यलोकं विशन्ति।
एवं त्रयी धर्ममनुप्रपन्ना
गतागतं कामकामा लभन्ते॥21॥**

**अनन्याश्चिन्तयन्तो मां ये जनाः पर्युपासते।
तेषां नित्याभियुक्तानां योगक्षेमं वहाम्यहम्॥22॥**

**येऽप्यन्यदेवता भक्ता यजन्ते श्रद्धयान्विताः।
तेऽपि मामेव कौन्तेय यजन्त्यविधिपूर्वकम्॥23॥**

सर्व-यज्ञ-भोक्ता, स्वामी भी,
एक पार्थ मैं;
मुझे तत्त्वतः वे न जानते,
इसीलिए वे
मर्त्यलोक में फिर-फिर गिरते (24)

देवव्रती देवताओं को,
पितृव्रती अपने पितरों को,
भूतों के पूजक भूतों को पाते
औ' जो मेरे पूजक
अपनी काम्य वस्तु को तो पा ही जाते हैं,
अर्जुन, मुझको भी पाते हैं (25)

पत्र, पुष्प, फल, तोय,
भक्ति से,
जो मुझको अर्पित करता है,
भक्ति-समर्पित उस प्रयतात्मा का
उपहार अशन करता मैं (26)

अहं हि सर्वयज्ञानां भोक्ता च प्रभुरेव च।
न तु मामभिजानन्ति तत्त्वेनातश्च्यवन्ति ते॥24॥

यान्ति देवव्रता देवान्पितृन्यान्ति पितृव्रताः।
भूतानि यान्ति भूतेज्या यान्ति मद्याजिनोऽपि माम्॥25॥

पत्रं पुष्पं फलं तोयं यो मे भक्त्या प्रयच्छति।
तदहं भक्त्युपहृतमश्नामि प्रयतात्मनः॥26॥

कुन्तीनन्दन,
जो अशन-हवन कर,
जो भी दे, जो भी तप, जो कर–
सब कुछ मुझको अर्पण कर दे (27)

इस प्रकार,
संन्यास योग से युक्त,
शुभाशुभ कर्म-फलों के
बन्धन को तू काट सकेगा,
औ' विमुक्त हो,
मुझको प्राप्त करेगा, भारत (28)

कोई भी
मेरा प्रिय-अप्रिय
पार्थ, नहीं है;
सर्वभूत में मैं सम व्यापक;
किन्तु भक्ति से
जो मुझको भजते रहते हैं,
वे मुझमें हैं,
मैं उनमें हूँ (29)

यत्करोषि यदश्नासि यज्जुहोषि ददासि यत् ।
यत्तपस्यसि कौन्तेय तत्कुरुष्व मदर्पणम्॥27॥

शुभाशुभफलैरेवं मोक्ष्यसे कर्मबन्धनैः ।
संन्यासयोगयुक्तात्मा विमुक्तो मामुपैष्यसि॥28॥

समोऽहं सर्वभूतेषु न मे द्वेष्योऽस्ति न प्रियः ।
ये भजन्ति तु मां भक्त्या मयि ते तेषु चाप्यहम्॥29॥

घोर दुराचारी मनुष्य भी,
मेरा भक्त अनन्य-भाव बन,
यदि मुझको भजता है,
निश्चय, साधु मान्य है;
क्योंकि, परंतप,
वह सम्यक् निश्चय वाला है (30)

वह धर्मात्मा, निर्विलम्ब, हो,
प्राप्त शान्ति-शाश्वत करता है;
नष्ट, धनंजय, मेरा भक्त नहीं होता है (31)

पापयोनि, स्त्री, वैश्य, शूद्र भी—
कोई भी—मेरे आश्रित हो,
पार्थ, परम गति को पाता है (32)

पुण्यशील ब्राह्मणों,
राजऋषि भक्तजनों का
कहना ही क्या।—
अनघ, अनित्य, असुखकर तन पाकर
मुझको भज (33)

अपि चेत्सुदुराचारो भजते मामनन्यभाक्।
साधुरेव स मन्तव्यः सम्यग्व्यवसितो हि सः॥30॥

क्षिप्रं भवति धर्मात्मा शश्वच्छान्तिं निगच्छति।
कौन्तेय प्रति जानीहि न मे भक्तः प्रणश्यति॥31॥

मां हि पार्थ व्यपाश्रित्य येऽपि स्युः पापयोनयः।
स्त्रियो वैश्यास्तथा शूद्रास्तेऽपि यान्ति परां गतिम्॥32॥

किं पुनर्ब्राह्मणाः पुण्या भक्ता राजर्षयस्तथा।
अनित्यमसुखं लोकमिमं प्राप्य भजस्व माम्॥33॥

प्रेमी और भक्त बन मेरा,
पूज मुझे तू, नमस्कार कर;
आत्मयुक्त, मेरे आश्रित हो,
तू मुझको, निश्चय, पाएगा (34)

मन्मना भव मद्भक्तो मद्याजी मां नमस्कुरु ।
मामेवैष्यसि युक्त्वैवमात्मानं मत्परायणः॥34॥

अध्याय 10

विभूति योग

कहा कृष्ण ने
'महाबाहु, फिर तू सुन
मेरा परम वचन यह;
तू मेरा प्रेमी है,
तेरे हित की इच्छा से कहता हूँ (1)

मेरा प्रभव
महर्षिजनों को, या देवों को
ज्ञात नहीं है;
मैं सब देवों, महर्षियों का
आदि बीज हूँ (2)

भूय एव महाबाहो शृणु मे परमं वचः।
यत्तेऽहं प्रीयमाणाय वक्ष्यामि हितकाम्यया॥1॥

न मे विदुः सुरगणाः प्रभवं न महर्षयः।
अहमादिर्हि देवानां महर्षीणां च सर्वशः॥2॥

अज, अनादि औ' लोकमहेश्वर,
कौन्तेय, जो मुझे जानता,
उस, मनुजों में असंमूढ़ के
सर्व कलुष-कल्मष कट जाते (3)

असंमोह का,
बुद्धिज्ञान का,
क्षमा-सत्य का,
पार्थ, भयाभय,
भवाभाव,
शम-दम,
सुख-दुख का
यश-अपयश,
तप, दान, तुष्टि का,
और अहिंसा का,
समता का–
सर्वभूत के ऐसे
नाना विधि भावों का–
एक स्रोत मैं (4-5)

यो मामजमनादिं च वेत्ति लोकमहेश्वरम्।
असंमूढः स मर्त्येषु सर्वपापैः प्रमुच्यते॥3॥

बुद्धिर्ज्ञानमसम्मोहः क्षमा सत्यं दमः शमः।
सुखं दुःखं भवोऽभावो भयं चाभयमेव च॥
अहिंसा समता तुष्टिस्तपो दानं यशोऽयशः।
भवन्ति भावा भूतानां मत्त एव पृथग्विधाः॥4-5॥

सप्त महर्षि
आदि मुनि चारों,
चौदह मनु भी,–
जिनकी यह संसार प्रजा है–
भाव मुझी में रखने वाले,
सब मेरे ही मनोजात हैं (6)

जो यह मेरा विभव-योग
तत्वतः जानता,
वह अविकंपित
योग-युक्त होता है, अर्जुन;
इसमें संशय रंच नहीं है (7)

मैं ही सबका प्रभव,
प्रवर्तक मैं ही सबका;
इसे जानकर,
श्रद्धान्वित हो,
बुद्धिमान मुझको भजते हैं (8)

महर्षयः सप्त पूर्वे चत्वारो मनवस्तथा।
मद्भावा मानसा जाता येषां लोक इमाः प्रजाः॥6॥

एतां विभूतिं योगं च मम यो वेत्ति तत्त्वतः।
सोऽविकम्पेन योगेन युज्यते नात्र संशयः॥7॥

अहं सर्वस्य प्रभवो मत्तः सर्वं प्रवर्तते।
इति मत्वा भजन्ते मां बुधा भावसमन्विताः॥8॥

मुझमें चित्त लगाने,
मुझको प्राण समर्पण करने वाले,
नित्य, परस्पर,
मेरा गुण-प्रभाव कह-सुनकर,
तोष प्राप्त करते,
मुझमें रमते हैं, अर्जुन (9)

पृथा-पुत्र,
उन सतत युक्त प्रेमी भक्तों को
बुद्धियोग में वह देता हूँ,
जिससे वे मुझको पाते हैं (10)

उन पर अनुकंपार्थ,
स्वयं मैं
उनके अन्तर में स्थित होकर,
उनके अज्ञानज तम-भ्रम को
भारत, भास्वर ज्ञान-दीप से
हर लेता हूँ (11)

मच्चित्ता मद्गतप्राणा बोधयन्तः परस्परम्।
कथयन्तश्च मां नित्यं तुष्यन्ति च रमन्ति च॥9॥

तेषां सततयुक्तानां भजतां प्रीतिपूर्वकम्।
ददामि बुद्धियोगं तं येन मामुपयान्ति ते॥10॥

तेषामेवानुकम्पार्थमहमज्ञानजं तमः।
नाशयाम्यात्मभावस्थो ज्ञानदीपेन भास्वता॥11॥

ऐसा सुनकर अर्जुन बोले,
'कृष्ण, आप ही
परम ब्रह्म हैं,
परम धाम हैं,
परम पूत हैं,
और आपको ही सब ऋषि-जन
आदि देव, अज,
दिव्य सनातन पुरुष,
सर्वव्यापी कहते हैं;
देवल, व्यास, असित, नारद ऐसा ही कहते;
आप स्वयं भी मुझको ऐसा ही बतलाते (12-13)

जो कुछ मुझसे कहा आपने,
केशव, सबको सत्य मानता;
नाथ, आपके लीलामय स्वरूप के ज्ञाता
देव न दानव (14)

भूतोद्भावन, भूतेश्वर हे,
देवदेव, जगपति, पुरुषोत्तम,
आप स्वयं ही अपने से अपने ज्ञाता हैं (15)

परं ब्रह्म परं धाम पवित्रं परमं भवान्।
पुरुषं शाश्वतं दिव्यमादिदेवमजं विभुम्॥
आहुस्त्वामृषयः सर्वे देवर्षिर्नारदस्तथा।
असितो देवलो व्यासः स्वयं चैव ब्रवीषि मे॥12-13॥

सर्वमेतदृतं मन्ये यन्मां वदसि केशव।
न हि ते भगवन्व्यक्तिं विदुर्देवा न दानवाः॥14॥

स्वयमेवात्मनात्मानं वेत्थ त्वं पुरुषोत्तम।
भूतभावन भूतेश देवदेव जगत्पते॥15॥

अच्युत,
अपनी जिन विभूतियों से,
लोकों को परिव्याप्त कर,
आप प्रतिष्ठित,
उनका दिव्य स्वरूप आप ही
समग्रता से कह सकते हैं (16)

योगेश्वर,
किस तरह निरन्तर
चिन्तन करता हुआ
आपको जान सकूँगा?
नाथ, कहें किन-किन भावों में
मेरे द्वारा चिन्तन करने योग्य आप हैं (17)

अपनी योग-विभूति
सविस्तर फिर बतलाएँ;
नाथ, आपके अमृत वचन को
सुनते मेरी तृप्ति न होती (18)

वक्तमर्हस्यशेषेण दिव्या ह्यात्मविभूतयः।
याभिर्विभूतिभिर्लोकानिमांस्त्वं व्याप्य तिष्ठसि॥16॥

कथं विद्यमहं योगिंस्त्वां सदा परिचिन्तयन्।
केषु केषु च भावेषु चिन्त्योऽसि भगवन्मया॥17॥

विस्तरेणात्मनो योगं विभूतिं च जनार्दन।
भूयः कथय तृप्तिर्हि शृण्वतो नास्ति मेऽमृतम्॥18॥

हृषीकेश, उत्तर में, बोले,
'मुख्य-मुख्य
अपनी विभूतियाँ दिव्य
तुझे मैं बतलाऊँगा;
मेरा जो विस्तार, पार्थ, है,
उसका कोई अन्त नहीं है (19)

गुडाकेश, मैं
सब भूतों में अन्तस्थित हूँ,
सबकी आत्मा,
सब भूतों का आदि-मध्य हूँ,
और अन्त भी (20)

अदिति-सुतों में विष्णु,
ज्योतियों में किरणों वाला सूरज हूँ;
मैं मरीचि मरुतों में,
नक्षत्रों में शशि हूँ (21)

**हन्त ते कथयिष्यामि दिव्या ह्यात्मविभूतयः।
प्राधान्यतः कुरुश्रेष्ठ नास्त्यन्तो विस्तरस्य मे॥19॥**

**अहमात्मा गुडाकेश सर्वभूताशयस्थितः।
अहमादिश्च मध्यं च भूतानामन्त एव च॥20॥**

**आदित्यानामहं विष्णुर्ज्योतिषां रविरंशुमान्।
मरीचिर्मरुतामस्मि नक्षत्राणामहं शशी॥21॥**

वेदों में मैं सामवेद,
वासव देवों में,
भूतों में चेतना,
इन्द्रियों में मैं मन हूँ (22)

यक्ष-राक्षसों में धनेश,
रुद्रों में शंकर,
वसुओं में पावक,
अचलों में मैं सुमेरु हूँ (23)

पुरोहितों में प्रमुख
बृहस्पति मुझे जान तू,
कार्तिकेय सेनापतियों में,
पारावार सरों-तालों में (24)

महर्षियों में भृगु,
वचनों में एकाक्षर मैं,
यज्ञों में जप-यज्ञ,
स्थावरों में हिमगिरि मैं (25)

वेदानां सामवेदोऽस्मि देवानामस्मि वासवः।
इन्द्रियाणां मनश्चास्मि भूतानामस्मि चेतना॥22॥

रुद्राणां शंकरश्चास्मि वित्तेशो यक्षरक्षसाम्।
वसूनां पावकश्चास्मि मेरुः शिखरिणामहम्॥23॥

पुरोधसां च मुख्यं मां विद्धि पार्थ बृहस्पतिम्।
सेनानीनामहं स्कन्दः सरसामस्मि सागरः॥24॥

महर्षीणां भृगुरहं गिरामस्म्येकमक्षरम्।
यज्ञानां जपयज्ञोऽस्मि स्थावराणां हिमालयः॥25॥

वृक्षों में अश्वत्थ,
देव-ऋषियों में नारद,
गन्धर्वों में, अनघ, चित्ररथ,
और कपिल मैं हूँ सिद्धों में (26)

अश्वों में अमृतोद्भव उच्चैःश्रवा,
गजेन्द्रों में ऐरावत,
पार्थ, नरों में नरपति हूँ मैं (27)

वज्र आयुधों में मैं, अर्जुन,
गौओं में मैं कामधेनु हूँ,
सर्पों में मैं वर वासुकि हूँ
हेतु प्रजन का मन्मथ हूँ मैं (28)

नागों में मैं शेषनाग हूँ,
वारिचरों में वरुण,
अर्यमा पितरों में हूँ,
शासनकर्त्ताओं में यम हूँ (29)

अश्वत्थः सर्ववृक्षाणां देवर्षीणां च नारदः।
गन्धर्वाणां चित्ररथः सिद्धानां कपिलो मुनिः॥26॥

उच्चैःश्रवसमश्वानां विद्धि माममृतोद्भवम्।
ऐरावतं गजेन्द्राणां नराणां च नराधिपम्॥27॥

आयुधानामहं वज्रं धेनूनामस्मि कामधुक्।
प्रजनश्चास्मि कन्दर्पः सर्पाणामस्मि वासुकिः॥28॥

अनन्तश्चास्मि नागानां वरुणो यादसामहम्।
पितृणामर्यमा चास्मि यमः संयमतामहम्॥29॥

दैत्यों में प्रह्लाद,
काल हूँ मैं गणकों में,
पशुओं में मृगराज,
खगों में वैनतेय हूँ (30)

पवन, पार्थ, पावनकर्त्ताओं में मैं,
राम शस्त्रवानों में,
मकर जलचरों में,
सुरसरि सरिताओं में हूँ (31)

सर्गों का मैं
आदि, अन्त औ' मध्य,
ब्रह्मविद्या विद्याओं में मैं, भारत,
वादरतों में वाद प्रमुख मैं (32)

पार्थ, अक्षरों में अकार मैं,
द्वन्द्व समासों में मैं,
अक्षय काल, विश्वतोमुख,
धाता मैं (33)

प्रह्लादश्चास्मि दैत्यानां कालः कलयतामहम्।
मृगाणां च मृगेन्द्रोऽहं वैनतेयश्च पक्षिणाम्॥30॥

पवनः पवतामस्मि रामः शस्त्रभृतामहम्।
झषाणां मकरश्चास्मि स्रोतसामस्मि जाह्नवी॥31॥

सर्गाणामादिरन्तश्च मध्यं चैवाहमर्जुन।
अध्यात्मविद्या विद्यानां वादः प्रवदतामहम्॥32॥

अक्षराणामकारोऽस्मि द्वन्द्वः सामासिकस्य च।
अहमेवाक्षयः कालो धाताहं विश्वतोमुखः॥33॥

पार्थ, सर्वहर मृत्यु,
भविष्योद्भव मैं ही हूँ;
और नारियों में हूँ मैं ही
सात इस तरह—
वाक्, क्षमा,
औ' स्मृति, धृति, मेधा,
और कीर्ति, श्री (34)

बृहत्साम सामों में,
गायत्री छन्दों में,
मार्गशीर्ष मासों में,
ऋतुओं में वसन्त मैं (35)

छलियों में मैं द्यूत,
तेज तेजस्विजनों का,
जेताओं की जीत,
और व्यवसाय, पार्थ, व्यवसायिजनों का;
सत्त्व सत्त्व में स्थित पुरुषों का (36)

मृत्युः सर्वहरश्चाहमुद्भवश्च भविष्यताम्।
कीर्तिः श्रीर्वाक्च नारीणां स्मृतिर्मेधा धृतिः क्षमा॥34॥

बृहत्साम तथा साम्नां गायत्री छन्दसामहम्।
मासानां मार्गशीर्षोऽहमृतूनां कुसुमाकरः॥35॥

द्यूतं छलयतामस्मि तेजस्तेजस्विनामहम्।
जयोऽस्मि व्यवसायोऽस्मि सत्त्वं सत्त्ववतामहम्॥36॥

वृष्णिवंशियों में मैं ही हूँ कृष्ण,
पाण्डवों में मैं अर्जुन,
वेद व्यास मुनियों में,
कवियों में मैं शुक्राचार्य, धनंजय (37)

दण्ड दमन करने वालों का,
जयेच्छुओं की जीत, पार्थ, मैं,
ज्ञान ज्ञानवेत्ताओं का मैं,
मौन गोप्य भावों का मैं ही (38)

अर्जुन, सर्वभूत कारण जो,
वह मैं ही हूँ;
अचर-चरों में
कोई मेरे बिना नहीं है (39)

अर्जुन, मेरे दिव्य विभव का
अन्त नहीं है;
जो विभूति-विस्तार तुझे बतलाया मैंने,
वह उसका संक्षिप्त रूप है (40)

वृष्णीनां वासुदेवोऽस्मि पाण्डवानां धनंजयः ।
मुनीनामप्यहं व्यासः कवीनामुशना कविः॥37॥

दण्डो दमयतामस्मि नीतिरस्मि जिगीषताम् ।
मौनं चैवास्मि गुह्यानां ज्ञानं ज्ञानवतामहम्॥38॥

यच्चापि सर्वभूतानां बीजं तदहमर्जुन ।
न तदस्ति विना यत्स्यान्मया भूतं चराचरम्॥39॥

नान्तोऽस्ति मम दिव्यानां विभूतीनां परंतप ।
एष तूद्देशतः प्रोक्तो विभूतेर्विस्तरो मया॥40॥

शक्ति, कान्ति, वैभव युत
जो भी दे दिखलाई,
हे कुरुनन्दन,
मेरे तेज-अंश से सम्भव
जान उसे तू (41)

बहुत जानने से
तेरा कुछ नहीं प्रयोजन;
मैं सम्पूर्ण जगत को अपने
एक अंश से धारण करके
स्थित हूँ, भारत (42)

यद्यद्विभूतिमत्सत्त्वं श्रीमदूर्जितमेव वा।
तत्तदेवावगच्छ त्वं मम तेजोंऽशसम्भवम्॥41॥

अथवा बहुनैतेन किं ज्ञातेन तवार्जुन।
विष्टभ्याहमिदं कृत्स्नमेकांशेन स्थितो जगत्॥42॥

अध्याय 11

विश्वरूप-दर्शन योग

ऐसा सुनकर अर्जुन बोले,
'परम अनुग्रह मुझ पर करके,
परम गुह्य अध्यात्म वचन जो
कहे आपने,
उससे मेरा मोह मिट गया (1)

कमलनेत्र,
मैंने भूतों के प्रभव-प्रलय का
तत्त्व सविस्तर सुना आपसे;
और आपका
अव्यय, अविनाशी प्रभाव भी (2)

मदनुग्रहाय परमं गुह्यमध्यात्मसंज्ञितम्।
यत्त्वयोक्तं वचस्तेन मोहोऽयं विगतो मम॥1॥

भवाप्ययौ हि भूतानां श्रुतौ विस्तरशो मया।
त्वत्तः कमलपत्राक्ष माहात्म्यमपि चाव्ययम्॥2॥

परमेश्वर,
अपने को जैसा कहा आपने,
उसे मानता;
किन्तु आपको, प्रभु,
अपने ऐश्वर्य रूप में देखूँ,
ऐसी मेरी इच्छा (3)

अगर मानते आप
कि उसका अधिकारी मैं,
तो अपने अव्यय स्वरूप में
योगेश्वर, मुझको दर्शन दें (4)

ऐसा सुनकर कहा कृष्ण ने
'मेरे शतशः औ' सहस्रशः
नानाविधि, नानावर्णों, नानाकृतियों के
दिव्य रूप को देख, धनंजय (5)

एवमेतद्यथात्थ त्वमात्मानं परमेश्वर।
द्रष्टुमिच्छामि ते रूपमैश्वरं पुरुषोत्तम॥3॥

मन्यसे यदि तच्छक्यं मया द्रष्टुमिति प्रभो।
योगेश्वर ततो मे त्वं दर्शयात्मानमव्ययम्॥4॥

पश्य मे पार्थ रूपाणि शतशोऽथ सहस्रशः।
नानाविधानि दिव्यानि नानावर्णाकृतीनि च॥5॥

मुझमें आदित्यों, वसुओं, रुद्रों,
अश्विनीकुमारों को औ' मरुद्गणों को
देख, परंतप,–
ऐसे बहु आश्चर्यों को जो
पहले देखे नहीं गए हैं (6)

गुडाकेश, अब इस शरीर में
सब सचराचर जगत देख,
एकस्थ,–
और भी जिसे देखने की इच्छा हो (7)

मुझको अपने चर्म चक्षुओं से
तू देख नहीं पाएगा;
दिव्य दृष्टि तुझको देता हूँ;
मेरा योगैश्वर्य देख तू (8)

ऐसा कहकर, नृपति,
महायोगेश्वर हरि ने
परम-भाग्य नर गुडाकेश को
परमैश्वर्य रूप दिखलाया (9)

पश्यादित्यान्वसून्रुद्रानश्विनौ मरुतस्तथा।
बहून्यदृष्टपूर्वाणि पश्याश्चर्याणि भारत॥6॥

इहैकस्थं जगत्कृत्स्नं पश्याद्य सचराचरम्।
मम देहे गुडाकेश यच्चान्यद्द्रष्टुमिच्छसि॥7॥

न तु मां शक्यसे द्रष्टुमनेनैव स्वचक्षुषा।
दिव्यं ददामि ते चक्षुः पश्य मे योगमैश्वरम्॥8॥

एवमुक्त्वा ततो राजन्महायोगेश्वरो हरिः।
दर्शयामास पार्थाय परमं रूपमैश्वरम्॥9॥

राजन्, हरि का
वह अति अद्‌भुत रूप
अनेक मुखों-नयनों से,
औ' अनेक दिव्याभरणों से,
दिव्य आयुधों से संयुत था (10)

दिव्य माल्य-अम्बर-तन-धारी,
दिव्य-गन्ध-अनुलेपन-शोभन,
उस अनन्त, विश्वतोमुखी,
देवस्वरूप को,
राजन्, भरतर्षभ ने देखा (11)

यदि सहस्र मार्तण्ड
उदित हों नभ-मण्डल में
फैलाए प्रखर प्रकाश निज,
उस महान की भव्य ज्योति के सदृश
कदाचित् ही हो पाएँ (12)

अनेकवक्त्रनयनमनेकाद्भुतदर्शनम् ।
अनेकदिव्याभरणं दिव्यानेकोद्यतायुधम्॥10॥

दिव्यमाल्याम्बरधरं दिव्यगन्धानुलेपनम् ।
सर्वाश्चर्यमयं देवमनन्तं विश्वतोमुखम्॥11॥

दिवि सूर्यसहस्रस्य भवेद्युगपदुत्थिता ।
यदि भाः सदृशी सा स्याद्भासस्तस्य महात्मनः॥12॥

उस वेला में
बहु रूपों में बहु विभक्त सम्पूर्ण विश्व को
देवेदेव की महा देह में, एक साथ,
अर्जुन ने देखा (13)

धनंजय,
विस्मयाविष्ट अति, हृष्टरोम,
देवाधिदेव को शीश झुकाकर
हाथ जोड़कर, ऐसा बोले (14)

'देव, आपके तन में
मैं सारे देवों को, भूतग्राम को
देख रहा हूँ—
कमलासन पर चतुरानन को
शिव को, सब ऋषि-महर्षियों को,
और दिव्य-देही उरगों को (15)

तत्रैकस्थं जगत्कृत्स्नं प्रविभक्तमनेकधा।
अपश्यद्देवदेवस्य शरीरे पाण्डवस्तदा॥13॥

ततः स विस्मयाविष्टो हृष्टरोमा धनंजयः।
प्रणम्य शिरसा देवं कृताञ्जलिरभाषत॥14॥

पश्यामि देवांस्तव देव देहे सर्वांस्तथा भूतविशेषसङ्घान्।
ब्रह्माणमीशं कमलासनस्थमृषींश्च सर्वानुरगांश्च दिव्यान्॥15॥

विश्वेवर, यह रूप आपका
अगणित दृग, मुख, उदर युक्त है,
जिधर दृष्टि जाती अनन्त है,
आदि, अन्त या मध्य आपके विश्वरूप का
कहीं न मिलता (16)

मुकुट, गदा औ' चक्र युक्त हैं आप,
दीप्ति की राशि,
तेज के पुंज,
महाप्रलयानल-द्युति, लक्षार्क विनिंदक,
दुर्निरीक्ष्य हैं,
अप्रमेय हैं, सर्व दिशा में (17)

आप जानने योग्य, परम अक्षरब्रह्म हैं,
आप विश्व के परमाश्रय हैं,
शाश्वत-धर्म-सुरक्षक,
अव्यय और सनातन पुरुष आप हैं (18)

अनेकबाहूदरवक्त्रनेत्रं पश्यामि त्वां सर्वतोऽनन्तरूपम्।
नान्तं न मध्यं न पुनस्तवादिं पश्यामि विश्वेश्वर विश्वरूप॥16॥

किरीटिनं गदिनं चक्रिणं च तेजोराशिं सर्वतो दीप्तिमन्तम्।
पश्यामि त्वां दुर्निरीक्ष्यं समन्ताद्दीप्तानलार्कद्युतिमप्रमेयम्॥17॥

त्वमक्षरं परमं वेदितव्यं त्वमस्य विश्वस्य परं निधानम्।
त्वमव्ययः शाश्वतधर्मगोप्ता सनातनस्त्वं पुरुषो मतो मे॥18॥

आप आदिमध्यांत-रहित हैं,
आप अनन्त वीर्य, बाहों के,
सूर्य-चन्द्र-नेत्रों के,
दीप्त हुताश मुखों के,
प्रभो, आपका तेज विश्व को तपा रहा है (19)

द्यावा पृथ्वी, अधर और प्रत्येक दिशा में
एक आप ही व्याप्त;
आपका अद्भुत, उग्र स्वरूप देखकर
लोकत्रय अत्यन्त व्यथित हैं (20)

देवों के समुदाय
आप में ही प्रविष्ट होते जाते हैं;
कोई-कोई परम भीत हो, हाथ बाँधकर,
स्यात आपकी गुणावली गिड़गिड़ा रहे हैं;
सिद्ध-महाऋषि-संघ स्वस्ति वाचन कर,
उत्तम, शुभ स्तोत्रों से,
नाथ, आपकी स्तुति करते हैं (21)

अनादिमध्यान्तमनन्तवीर्यमनन्तबाहुं शशिसूर्यनेत्रम्।
पश्यामि त्वां दीप्तहुताशवक्त्रं स्वतेजसा विश्वमिदं तपन्तम्॥19॥

द्यावापृथिव्योरिदमन्तरं हि व्याप्तं त्वयैकेन दिशश्च सर्वाः।
दृष्ट्वाद्भुतं रूपमुग्रं तवेदं लोकत्रयं प्रव्यथितं महात्मन्॥20॥

अमी हि त्वां सुरसङ्घा विशन्ति केचिद्भीताः प्राञ्जलयो गृणन्ति।
स्वस्तीत्युक्त्वा महर्षिसिद्धसङ्घाः स्तुवन्ति त्वां स्तुतिभिःपुष्कलाभिः॥21॥

रुद्रादित्य, साध्य, वसु, विश्वे
औ' अश्विनीकुमार, मरुद्गण,
पितरों के दल, यक्ष, असुर, गन्धर्व,
सिद्धगण–
ये सब के सब विस्मित होकर,
विभो, आपको देख रहे हैं (22)

महाबाहु, बहु मुख, नेत्रों का,
बाहु, ऊरु, पद का, उदरों का,
बहु कराल-दंष्ट्रा जबड़ों का
रूप आपका अति महान
सब लोक देखकर महा विकल हैं,
औ' मैं भी हूँ (23)

विष्णु, आपके गगनस्पर्शी
बहुरूपी, देदीप्यमान तन को
विस्फारित मुख को औ' विशाल नेत्रों को,
देख-देखकर,
अन्तःकरण सभीत,
अधीर, अशान्त हुआ है (24)

रुद्रादित्या वसवो ये च साध्या विश्वेऽश्विनौ मरुतश्चोष्मपाश्च।
गन्धर्वयक्षासुरसिद्धसङ्घा वीक्षन्ते त्वां विस्मिताश्चैव सर्वे॥22॥

रूपं महत्ते बहुवक्त्रनेत्रं महाबाहो बहुबाहूरुपादम्।
बहूदरं बहुदंष्ट्राकरालं दृष्टवा लोकाः प्रव्यथितास्तथाहम्॥23

नभःस्पृशं दीप्तमनेकवर्णं व्यात्ताननं दीप्तविशालनेत्रम्।
दृष्टवा हि त्वां प्रव्यथितान्तरात्मा धृतिं न विन्दामि शमं च विष्णो॥24॥

अति कराल दंष्ट्रा, कालानल प्रोज्चल मुख को
देख दृग भ्रमित, मन सुख-सूना;
जग-निवास, देवेश,
आप जग से प्रसन्न,
मुझसे प्रसन्न हों (25)

मैं सारे धृतराष्ट्र-सुतों को,
नृपति-दलों के साथ,
आपमें जाते और समाते,
सम्मुख देख रहा हूँ–
भीष्म-द्रोण हैं, सूतपुत्र हैं;
और हमारे दल के भी प्रधान योद्धा हैं (26)

वे सवेग
दंष्ट्राकराल अति भयद आपके
मुख में धँसते;
और कई तो सोत्तमाँग हो चूर्ण
लगे दशनांतराल में (27)

दंष्ट्राकरालानि च ते मुखानि दृष्टैव कालानलसन्निभानि।
दिशो न जाने न लभे च शर्म प्रसीद देवेश जगन्निवास॥25॥

अमी च त्वां धृतराष्ट्रस्य पुत्राः सर्वे सहैवावनिपालसङ्घैः।
भीष्मो द्रोणः सूतपुत्रस्तथासौ सहास्मदीयैरपि योधमुख्यैः॥26॥

वक्त्राणि ते त्वरमाणा विशन्ति दंष्ट्राकरालानि भयानकानि।
केचिद्विलग्ना दशनान्तरेषु संदृश्यन्ते चूर्णितैरुत्तमाङ्गैः॥27॥

जैसे बहुजल-वेगवती नदियाँ
सागर की ओर निरन्तर भागी जातीं,
उसमें गिरतीं,
वैसे ही नरलोक वीर
प्रज्वलित आपके मुख में जाते, और
समाते (28)

भस्मसात हो जाने को जैसे परवाने
दीप्त ज्वाल के अन्दर धँसते, बड़े वेग से,
वैसे ही ये लोग आपके मुख में,
आत्मविनाश के लिए,
बड़े वेग से समा रहे हैं (29)

ज्वलित मुखों से आप
ग्रस रहे सब लोगों को,
ज्वाल-जीभ से चाट रहे हैं;
विष्णु, आपकी उग्र ज्योति,
सम्पूर्ण जगत को परिपूरित कर,
महातेज से तपा रही है (30)

यथा नदीनां बहवोऽम्बुवेगाः समुद्रमेवाभिमुखा द्रवन्ति।
तथा तवामी नरलोकवीरा विशन्ति वक्त्राण्यभिविज्वलन्ति॥28॥

यथा प्रदीप्तं ज्वलनं पतङ्गा विशन्ति नाशाय समृद्धवेगाः।
तथैव नाशाय विशन्ति लोकास्तवापि वक्त्राणि समृद्धवेगाः॥29॥

लेलिह्यसे ग्रसमानः समन्ताल्लोकान्समग्रान्वदनैर्ज्वलद्भिः।
तेजोभिरापूर्य जगत्समग्रं भासस्तवोग्राः प्रतपन्ति विष्णो॥30॥

मुझे बताएँ, उग्र रूप के आप कौन हैं?
देवदेव लें नमस्कार मेरा, प्रसन्न हों;
आदिरूप, जानना आपको मैं चाहूँगा,
क्योंकि आपकी रुचि-प्रवृत्ति मैं नहीं जानता (31)

उत्तर में उस विश्वरूप से
यह ध्वनि आई,
'लोकक्षय के लिए बढ़ा मैं
महाकाल हूँ
इन लोगों के ध्वंस के लिए
अब प्रवृत्त हूँ;
प्रतिपक्षी दल के योद्धा ये,
पार्थ, बिना तेरे मारे भी
नहीं बचेंगे (32)

इससे तू ही खड़ा,–
शत्रुओं पर विजयी हो,
सुयश प्राप्त कर,
भोग राज्य सम्पन्न,
धनंजय, मेरे द्वारा ये पहले ही हते जा चुके;
सिर्फ़, सव्यसाची, निमित्त बन (33)

आख्याहि मे को भवानुग्ररूपो नमोऽस्तु ते देववर प्रसीद।
विज्ञातुमिच्छामि भवन्तमाद्यं न हि प्रजानामि तव प्रवृत्तिम्॥31॥

कालोऽस्मि लोकक्षयकृत्प्रवृद्धो लोकान्समाहर्तुमिह प्रवृत्तः।
ऋतेऽपि त्वां न भविष्यन्ति सर्वे येऽवस्थिताः प्रत्यनीकेषु योधाः॥32॥

तस्मात्त्वमुत्तिष्ठ यशो लभस्व जित्वा शत्रून् भुङ्क्ष्व राज्यं समृद्धम्।
मयैवैते निहताः पूर्वमेव निमित्तमात्रं भव सव्यसाचिन्॥33॥

कर्ण, जयद्रथ, भीष्म, द्रोण,
अन्यान्य वीर भी,
मेरे द्वारा हते जा चुके;
योद्धाओं को मार, न डर तू;
रण में तू अरि को जीतेगा;
अनघ, युद्ध कर (34)

केशव के इन वचनों को सुनकर
अर्जुन,
कम्पित कर से नमस्कार कर,
परम भीत फिर-फिर प्रणाम कर,
गद्‌गद्‌ स्वर में ऐसा बोले (35)

'हृषीकेश, यह उचित,
आपके गुण गाकर जग हर्षित होता,
गद्‌गद्‌ होता;
राक्षस डरकर दिश-दिशा में भाग रहे हैं;
और आपको
सिद्ध-संघ सब नमस्कार फिर-फिर
करता है (36)

द्रोणं च भीष्मं च जयद्रथं च कर्णं तथान्यानपि योधवीरान्।
मया हतांस्त्वं जहि मा व्यथिष्ठा युध्यस्व जेतासि रणे सपत्नान्॥34॥

एतच्छ्रुत्वा वचनं केशवस्य कृताञ्जलिर्वेपमानः किरीटी।
नमस्कृत्वा भूय एवाह कृष्णं सगद्‌गदं भीतभीतः प्रणम्य॥35॥

स्थाने हृषीकेश तव प्रकीर्त्या जगत्प्रहृष्यत्यनुरज्यते च।
रक्षांसि भीतानि दिशो द्रवन्ति सर्वे नमस्यन्ति च सिद्धसंघाः॥36॥

आप आदिकर्त्ता ब्रह्मा के,
आप महत्तम को प्रणाम सब करें न कैसे;
जगन्निवास, अनन्त, देवपति,
आप असत्, सत्,
उनसे पर तत् अक्षर भी हैं (37)

आदि देव हैं, पुरुष पुरातन,
जग के आश्रय, जग के ज्ञाता,
एक जानने योग्य आप हैं;
परम धाम हैं;
और आप से ही, अनन्त,
यह विश्व व्याप्त है (38)

वायु, अग्नि, यम, वरुण, चन्द्र हैं आप,
प्रजापति, प्रपितामह भी;
लाख बार है नमन आपको;
कोटि बार है नमन आपको (39)

कस्माच्च ते न नमेरन्महात्मन् गरीयसे ब्रह्मणोऽप्यादिकर्त्रे।
अनन्त देवेश जगन्निवास त्वमक्षरं सदसत्तत्परं यत्॥37॥

त्वमादिदेवः पुरुषः पुराणस्त्वमस्य विश्वस्य परं निधानम्।
वेत्तासि वेद्यं च परं च धाम त्वया ततं विश्वमनन्तरूप॥38॥

वायुर्यमोऽग्निर्वरुणः शशाङ्कः प्रजापतिस्त्वं प्रपितामहश्च।
नमो नमस्तेऽस्तु सहस्रकृत्वः पुनश्च भूयोऽपि नमो नमस्ते॥39॥

आप अनन्तवीर्य को मेरा,
सम्मुख औ' पृष्ठतः—उभयविधि, नमस्कार है;
हे सर्वात्मन् आपके लिए
सभी ओर से नमस्कार है।
आप, अमित विक्रम, सब जग को व्याप्त
किए हैं;
आप इसी से सर्वरूप हैं (40)

सखा मानकर,
और आपकी इस महिमा से अनजाना रह,
नाथ, प्रेम से या प्रमाद से,
'कृष्ण', 'सखा', 'यादव', यदि हठ वश,
कहा कभी है;
या विहार-शय्या, आसन पर, हँसी के लिए,
औरों के सम्मुख या पा एकान्त,
कभी कुछ, असत्कार के लिए,
किया है मैंने तो,
हे अप्रमेय, अच्युत,—
उस सबको क्षमा कीजिए (41-42)

नमः पुरस्तादथ पृष्ठतस्ते नमोऽस्तु ते सर्वत एव सर्व।
अनन्तवीर्यामितविक्रमस्त्वं सर्वं समाप्नोषि ततोऽसि सर्वः॥40॥

सखेति मत्वा प्रसभं यदुक्तं हे कृष्ण हे यादव हे सखेति।
अजानता महिमानं तवेदं मया प्रमादात्प्रणयेन वापि॥
यच्चावहासार्थमसत्कृतोऽसि विहारशय्यासनभोजनेषु।
एकोऽथवाप्यच्युत तत्समक्षं तत्क्षामये त्वामहमप्रमेयम्॥41-42॥

आप चराचर-जगत-पिता हैं,
गरीयान्, गुरु, परमपूज्य, अप्रतिम प्रभावी;
लोकत्रय में नहीं आपके सम कोई है;
और आपसे अधिक, अकल्पित (43)

इस शरीर को चरणों में रख,
नमस्कार कर,
पूज्य, आपको,
मैं, प्रसन्न होने के लिए, प्रार्थना करता।
पिता पुत्र के,
सखा सखा के,
प्रिय प्रिया के अपराधों को जैसे सहता,
और क्षमा कर देता,
वैसे करें आप भी (44)

पूर्व अदृष्ट अपूर्व रूप को
देख-देखकर हर्षित होता,
मन से डरता,
व्याकुल होता;
देव, चतुर्भुज रूप मात्र ही मुझे दिखाएँ;
जगन्निवास, परम देवेश्वर,
प्रभु, प्रसन्न हों (45)

पितासि लोकस्य चराचरस्य त्वमस्य पूज्यश्च गुरुर्गरीयान्।
न त्वत्समोऽस्त्यभ्यधिकः कुतोऽन्यो लोकत्रयेऽप्यप्रतिमप्रभाव॥43॥

तस्मात्प्रणम्य प्रणिधाय कायं प्रसादये त्वामहमीशमीड्यम्।
पितेव पुत्रस्य सखेव सख्युः प्रियः प्रियायार्हसि देव सोढुम्॥44॥

अदृष्टपूर्वं हृषितोऽस्मि दृष्टवा भयेन च प्रव्यथितं मनो मे।
तदेव मे दर्शय देवरूपं प्रसीद देवेश जगन्निवास॥45॥

विश्वमूर्ति हे, सहस्रबाहो,
मुकुट-शीश-धर,
गदा-चक्र-कर ही स्वरूप अब,
नाथ, आपका, नेत्र देखना चाह रहे हैं (46)

ऐसा सुनकर, विश्वरूप अर्जुन से बोले,
तुझ पर प्रसन्न हो,
आत्मयोग से मैंने तुझको
परम तेज-मय, आद्य, अनन्त, विराट रूप जो
दिखलाया है,
तुझे छोड़कर, उसे किसी ने
पहले कभी नहीं देखा है (47)

कुरुप्रवीर,
मनुष्यलोक में,
इस प्रकार, इस दिव्य रूप को,
वेदों को पढ़,
बहुत दान दे,
बहुत उग्र तप करने पर भी,
तुझे छोड़कर नहीं किसी ने
अब तक देखा (48)

किरीटिनं गदिनं चक्रहस्तमिच्छामि त्वां द्रष्टुमहं तथैव ।
तेनैव रूपेण चतुर्भुजेन सहस्रबाहो भव विश्वमूर्ते॥46॥

मया प्रसन्नेन तवार्जुनेदं रूपं परं दर्शितमात्मयोगात् ।
तेजोमयं विश्वमनन्तमाद्यं यन्मे त्वदन्येन न दृष्टपूर्वम्॥47॥

न वेदयज्ञाध्ययनैर्न दानैर्न च क्रियाभिर्न तपोभिरुग्रैः ।
एवंरूपः शक्य अहं नृलोके द्रष्टुं त्वदन्येन कुरुप्रवीर॥48॥

तू मेरे इस घोर रूप को
देख विकल न विमूढ़-भीत हो
तुझे चतुर्भुज रूप दिखाता;
प्रीतमना हो देख उसे तू (49)

राजन्, अर्जुन से ऐसा कह
वासुदेव ने,
उन्हें चतुर्भुज रूप दिखाया;
द्विभुज रूप धर, सौम्य मूर्ति हो,
कुंतीनन्दन को धैर्य बँधाया (50)

उन्हें देखकर अर्जुन बोले,
'नाथ, आपका सौम्य मनुज-तन देख
शान्त-प्रकृतिस्थ हुआ मैं (51)

कहा कृंष्ण ने,
'मेरा दुर्लभ रूप चतुर्भुज,
अर्जुन, जिसको तूने देखा,
उसे देखने को
सुरगण भी तरसा करते (52)

मा ते व्यथा मा च विमूढभावो दृष्ट्वा रूपं घोरमीदृङ्ममेदम्।
व्यपेतभीः प्रीतमनाः पुनस्त्वं तदेव मे रूपमिदं प्रपश्य॥49॥

इत्यर्जुनं वासुदेवस्तथोक्त्वा स्वकं रूपं दर्शयामास भूयः।
आश्वासयामास च भीतमेनं भूत्वा पुनः सौम्यवपुर्महात्मा॥50॥

दृष्ट्वेदं मानुषं रूपं तव सौम्यं जनार्दन।
इदानीमस्मि संवृत्तः सचेताः प्रकृतिं गतः॥51॥

सुदुर्दर्शमिदं रूपं दृष्टवानसि यन्मम।
देवा अप्यस्य रूपस्य नित्यं दर्शनकाङ्क्षिणः॥52॥

वेदों को पढ़,
बहुत दान दे,
बहुत यज्ञ-तप कर भी कोई
मेरा रूप चतुर्भुज
देख नहीं सकता है,
जैसा तूने देखा, अर्जुन (53)

अनघ परंतप,
मैं अपने अनन्य भक्तों को ही
अपना यह रूप दिखाता,
जिसे तत्त्व से वे जानें,
जिसमें प्रविष्ट हों (54)

सर्वभूत-निर्वैर,
संग-वर्जित होकर जो
मेरे लिए कर्म करता है,
मेरे परमाश्रय में रहता,
ऐसा मेरा भक्त, पार्थ, मुझको पाता है (55)

नाहं वेदैर्न तपसा न दानेन न चेज्यया।
शक्य एवंविधो द्रष्टुं दृष्टवानसि मां यथा॥53॥

भक्त्या त्वनन्यया शक्य अहमेवंविधोऽर्जुन।
ज्ञातुं द्रष्टुं च तत्त्वेन प्रवेष्टुं च परंतप॥54॥

मत्कर्मकृन्मत्परमो मद्भक्तः सङ्गवर्जितः।
निर्वैरः सर्वभूतेषु यः स मामेति पाण्डव॥55॥

अध्याय 12

भक्ति योग

ऐसा सुनकर अर्जुन बोले,
'सतत-युक्त जो भक्त
आपको उपासते हैं,
जो अक्षर-अव्यक्त ब्रह्म को–
इन दोनों में कौन योगविद्
अधिक श्रेष्ठ हैं (1)

कहा कृष्ण ने,
'नित्य-युक्त, एकाग्रमना,
कौन्तेय, परम श्रद्धा से
मुझसे लगे हुए जो
मुझको भजते,
मेरे मत से
वे ही अत्युत्तम योगी हैं (2)

एवं सततयुक्ता ये भक्तास्त्वां पर्युपासते।
ये चाप्यक्षरमव्यक्तं तेषां के योगवित्तमाः॥1॥

मय्यावेश्य मनो ये मां नित्ययुक्ता उपासते।
श्रद्धया परयोपेतास्ते मे युक्ततमा मताः॥2॥

जो अक्षर, अव्यक्त, अचल, ध्रुव,
अनिर्देश्य, कूटस्थ,
सर्व-व्यापी, अचिंत्य को,
सकल इन्द्रियों पर संयम रख,
उपासते हैं,
सर्व-भूत-हित-रत,
सर्वत्र समान-बुद्धि वे,
पृथा-पुत्र, मुझको ही पाते (3-4)

जो अव्यक्तासक्त-चित्त हैं
क्लेश अधिक उनको होता है,
क्योंकि देहधारी को
अव्यक्ता गति
दुख से ही मिल पाती (5)

ये त्वक्षरमनिर्देश्यमव्यक्तं पर्युपासते।
सर्वत्रगमचिन्त्यं च कूटस्थलमचलं ध्रुवम्॥

संनियम्येन्द्रियग्रामं सर्वत्र समबुद्धयः।
ते प्राप्नुवन्ति मामेव सर्वभूतहिते रताः॥3-4॥

क्लेशोऽधिकतरस्तेषामव्यक्तासक्तचेतसाम्।
अव्यक्ता हि गतिर्दुःखं देहवद्भिरवाप्यते॥5॥

किन्तु, परायण मेरे रहकर,
जो अपने सारे कर्मों को
मुझे समर्पण कर देते हैं,
औ' अनन्य योगस्थ,
ध्यान में मुझको रखकर,
मुझको भजते,
मुझसे ही एकाग्रचित्त हो,
मैं उनका, अविलम्ब,
मृत्यु-संसार-सिन्धु से,
पार्थ, समुद्धर्ता बनता हूँ (6-7)

मुझमें ही मन,
और मुझी में बुद्धि लगा तू;
फिर, मुझमें ही बास करेगा,
इसमें कुछ सन्देह नहीं है (8)

ये तु सर्वाणि कर्माणि मयि संन्यस्य मत्पराः।
अनन्येनैव योगेन मां ध्यायन्त उपासते॥
तेषामहं समुद्धर्ता मृत्युसंसारसागरात्।
भवामि नचिरात्पार्थ मय्यावेशितचेतसाम्॥6-7॥

मय्येव मन आधत्स्व मयि बुद्धिं निवेशय।
निवसिष्यसि मय्येव अत ऊर्ध्वं न संशयः॥8॥

चित्त न तेरा
यदि मुझमें सुस्थिर हो सकता,
तो धनंजय,
तू अभ्यासयोग के द्वारा
मुझको पाने की इच्छा कर (9)

यदि अभ्यास न तुझसे होता,
तो कर्मों को मेरे हित कर;
कर्मों को करते रहते भी,
यदि मेरे हित किए गए वे,
पार्थ, सिद्धि तू प्राप्त करेगा (10)

यदि यह भी तुझसे असाध्य है,
आत्मजयी बन,
औ' जो मेरा योग,
उसी के आश्रय में जा,
सर्वकर्मफल परित्याग कर (11)

अथ चित्तं समाधातुं न शक्नोषि मयि स्थिरम्।
अभ्यासयोगेन ततो मामिच्छाप्तुं धनंजय॥9॥

अभ्यासेऽप्यसमर्थोऽसि मत्कर्मपरमो भव।
मदर्थमपि कर्माणि कुर्वन्सिद्धिमवाप्स्यसि॥10॥

अथैतदप्यशक्तोऽसि कर्तुं मद्योगमाश्रितः।
सर्वकर्मफलत्यागं ततः कुरु यतात्मवान्॥11॥

ज्ञान श्रेष्ठ अभ्यासयोग से,
ध्यान, ज्ञान से,
और कर्मफल-त्याग ध्यान से;
त्याग, पार्थ, अविलम्ब शान्तिप्रद (12)

सर्वभूत के प्रति अद्वेषी,
सब का प्रेमी,
सब पर करुण,
क्षमा सब को कर देने वाला,
पर निर्मम,
निरहंकारी,
औ' सुख-दुख एक समझने वाला
योगी, आत्मजयी,
दृढ़निश्चय, तुष्ट, निरन्तर,
मनोबुद्धि को मुझमें अर्पित करने वाला—
ऐसा मेरा भक्त मुझे प्रिय (13-14)

श्रेयो हि ज्ञानमभ्यासाज्ज्ञानाद्ध्यानं विशिष्यते।
ध्यानात्कर्मफलत्यागस्त्यागाच्छान्तिरनन्तरम्॥12॥

अद्वेष्टा सर्वभूतानां मैत्रः करुण एव च।
निर्ममो निरहंकारः समदुःखसुखः क्षमी॥
संतुष्टः सततं योगी यतात्मा दृढनिश्चयः।
मय्यर्पितमनोबुद्धिर्यो मद्भक्तः स मे प्रियः॥13-14॥

अनुद्विग्न जिससे जग रहता,
अनुद्विग्न जो जग से रहता,
भयोद्वेग, हर्षामर्षों से
जो विमुक्त है–
ऐसा मेरा भक्त मुझे प्रिय (15)

जिसे अपेक्षा नहीं किसी की,
उदासीन, शुचि, दक्ष, गतव्यथ,
सर्वारम्भ परित्यागी जो–
ऐसा मेरा भक्त मुझे प्रिय (16)

हर्ष न जिसको,
द्वेष न जिसमें,
शोक न जिसको,
चाहन जिसमें,
और शुभाशुभ का त्याग जो–
ऐसा मेरा भक्त मुझे प्रिय (17)

यस्मान्नोद्विजते लोको लोकान्नोद्विजते च यः।
हर्षामर्षभयोद्वेगैर्मुक्तो यः स च मे प्रियः॥15॥

अनपेक्षः शुचिर्दक्ष उदासीनो गतव्यथः।
सर्वारम्भपरित्यागी यो मद्भक्तः स मे प्रियः॥16॥

यो न हृष्यति न द्वेष्टि न शोचति न काङ्क्षति।
शुभाशुभपरित्यागी भक्तिमान्यः स मे प्रियः॥17॥

शत्रु-मित्र,
शीतोष्ण,
दुःख-सुख,
निन्दा-स्तुति,
अपमान-मान सम,
पार्थ, जिसे हैं,
संग-विवर्जित, येन-केनचित् सदा तुष्ट,
अनिकेतन, मौनी, सुस्थिरमति जो—
ऐसा मेरा भक्त मुझे प्रिय (18-19)

और परायग मेरे हो जो,
श्रद्धा रखकर,
पहले जो मैं कह आया हूँ,
उस धर्मामृत का, अर्जुन,
सेवन करते हैं—
ऐसे मेरे भक्त मुझे अतिशय प्यारे हैं (20)

समः शत्रौ च मित्रे च तथा मानापमानयोः।
शीतोष्णसुखदुःखेषु समः सङ्गविवर्जितः॥
तुल्यनिन्दास्तुतिर्मौनी संतुष्टो येन केनचित्।
अनिकेतः स्थिरमतिर्भक्तिमान्मे प्रियो नरः॥18-19॥

ये तु धर्म्यामृतमिदं यथोक्तं पर्युपासते।
श्रद्दधाना मत्परमा भक्तास्तेऽतीव मे प्रियाः॥20॥

अध्याय 13

क्षेत्रक्षेत्रज्ञविभाग योग

कहा कृष्ण ने,
'यह शरीर है क्षेत्र,
और उसका ज्ञाता, क्षेत्रज्ञ—
जानने वालों का ऐसा कहना है (1)

क्षेत्रज्ञानी,
जो सब क्षेत्रों में समुपस्थित,
उसे मुझे ही जान, धनंजय,
क्षेत्र और क्षेत्रज्ञ जानना, ज्ञान,
पार्थ, ऐसा मत मेरा (2)

इदं शरीरं कौन्तेय क्षेत्रमित्यभिधीयते।
एतद्यो वेत्ति तं प्राहुः क्षेत्रज्ञ इति तद्विदः॥1॥

क्षेत्रज्ञं चापि मां विद्धि सर्वक्षेत्रेषु भारत।
क्षेत्रक्षेत्रज्ञयोर्ज्ञानं यत्तज्ज्ञानं मतं मम॥2॥

क्या, क्यों, कैसा क्षेत्र,
और उसके विकार क्या,
औ' क्या है क्षेत्रज्ञ,
और उसका प्रभाव क्या–
इसको थोड़े में मुझसे सुन (3)

कौन्तेय,
ऋषियों ने इसको
बहु प्रकार से समझाया है;
विविध वेद-मन्त्रों में इसको
पृथक्-पृथक् कर कहा गया है;
ब्रह्मसूत्र-पद में भी,
निश्चित, युक्तियुक्त जो (4)

तत्क्षेत्रं यच्च यादृक्च यद्विकारि यतश्च यत्।
स च यो यत्प्रभावश्च तत्समासेन मे शृणु॥3॥

ऋषिभिर्बहुधा गीतं छन्दोभिर्विविधैः पृथक्।
ब्रह्मसूत्रपदैश्चैव हेतुमद्भिर्विनिश्चितैः॥4॥

पृथा-पुत्र,
अव्यक्त,
पंच फिर महाभूत,
संघात,
इन्द्रियाँ दस, उन पर मन एक
पाँच इन्द्रिय-विषयों पर चेतनता
औ' बुद्धि और फिर अहंकार,
धृति, सुख, दुख, इच्छा, द्वेष–
यही सविकार क्षेत्र
संक्षेप रूप से कहा गया है (5-6)

महाभूतान्यहंकारो बुद्धिरव्यक्तमेव च।
इन्द्रियाणि दशैकं च पञ्च चेन्द्रियगोचराः॥
इच्छा द्वेषः सुखं दुखं संघातश्चेतना धृतिः।
एतत्क्षेत्रं समासेन सविकारमुदाहृतम्॥5-6॥

धनंजय,
आचार्योपासन,
शौचस्थिरता,
क्षान्ति, अहिंसा,
आर्जव, मार्दव,
आत्मविनिग्रह,
अमानित्व औ' अदम्भित्व,
इन्द्रिय-विषयों के प्रति विराग,
फिर अहंकार का बहिष्कार,
औ' जन्म-मृत्यु में, जरा-व्याधि में
दुःख-दोष का अनुदर्शन,
सुतदारगृहादिक से विरक्ति औ' निर्ममत्व,
जनसंग-त्याग, एकान्त वास,
इष्टानिष्टों में समचित्तत्व सदा रखना,
मुझमें अव्यभिचारिणी भक्ति रखना,
अनन्य योगस्थ, (7-8-9-10)

अमानित्वमदम्भित्वमहिंसा क्षान्तिरार्जवम् ।
आचार्योपासनं शौचं स्थैर्यमात्मविनिग्रहः॥
इन्द्रियार्थेषु वैराग्यमनहंकार एव च ।
जन्ममृत्युजराव्याधिदुःखदोषानुदर्शनम्॥
असक्तिरनभिष्वङ्गः पुत्रदारगृहादिषु ।
नित्यं च समचित्तत्वमिष्टानिष्टोपपत्तिषु॥
मयि चानन्ययोगेन भक्तिरव्यभिचारिणी ।
विविक्तदेशसेवित्वमरतिर्जनसंसदि॥ 7-8-9-10॥

नित्य अध्यात्म ज्ञान में स्थित रहना,
औ' तत्त्वज्ञान के अर्थ रूप
परमात्मा का दर्शन करना–
है ज्ञान,
और जो है इनके विपरीत,
उसे अज्ञान जान तू (11)

पार्थ, ज्ञेय जो,
जिसे जानकर नर
अमृतत्व प्राप्त करता है,
बतलाऊँगा।
परम ब्रह्म वह
आदि-रहित जो,
उसे न सत् ही
औ' न असत् ही कहा गया है (12)

वह रखता सब ओर
पाणि, पद, नेत्र, शीश, मुख, श्रोत्र,
धनंजय;
वह जग में सबको आवृत कर
वर्तमान है (13)

अध्यात्मज्ञाननित्यत्वं तत्त्वज्ञानार्थदर्शनम्।
एतज्ज्ञानमिति प्रोक्तमज्ञानं यदतोऽन्यथा॥11॥

ज्ञेयं यत्तत्प्रवक्ष्यामि यज्ज्ञात्वामृतमश्नुते।
अनादिमत्परं ब्रह्म न सत्तन्नासदुच्यते॥12॥

सर्वतः पाणिपादं तत्सर्वतोऽक्षिशिरोमुखम्।
सर्वतः श्रुतिमल्लोके सर्वमावृत्य तिष्ठति॥13॥

वह सर्वेन्द्रिय से वर्जित है,
पर सर्वेन्द्रिय-गुण-ज्ञाता है;
वह निर्गुण है,
पर गुणभोक्ता;
सबका पोषक,
लेकिन सबसे अनासक्त भी (14)

सब भूतों के बाहर भी है,
भीतर भी है;
और वही चर,
वही अचर भी,
पर, इतना सूक्ष्म कि अविज्ञेय है;
वही पास है,
वही दूर है (15)

है अविभक्त,
मगर भूतों में
वह विभक्त-सा स्थित रहता है;
सर्जक, पोषक, संहारक के
ब्रह्मा, विष्णु, महेश रूप में
वही ज्ञेय है (16)

सर्वेन्द्रियगुणाभासं सर्वेन्द्रियविवर्जितम्।
असक्तं सर्वभृच्चैव निर्गुणं गुणभोक्तृ च॥14॥

बहिरन्तश्च भूतानामचरं चरमेव च।
सूक्ष्मत्वात्तदविज्ञेयं दूरस्थं चान्तिके च तत्॥15॥

अविभक्तं च भूतेषु विभक्तमिव च स्थितम्।
भूतभर्तृ च तज्ज्ञेयं ग्रसिष्णु प्रभविष्णु च॥16॥

तमस् परे वह,
ज्योति ज्योतियों का,
कहा गया है।
ज्ञानगम्य है, ज्ञेय, ज्ञान है,
स्थित वह सबके अन्तर में है (17)

इस प्रकार,
संक्षेप रूप में,
क्षेत्र, ज्ञान औ' ज्ञेय
यहाँ पर कहा गया है।
इसे जान,
मेरे स्वरूप को
मेरा भक्त प्राप्त करता है (18)

प्रकृति-पुरुष—
दोनों को, पार्थ,
अनादि जान तू,
और जान यह भी
विकार-गुण
प्रकृति-जनित हैं (19)

ज्योतिषामपि तज्ज्योतिस्तमसः परमुच्यते।
ज्ञानं ज्ञेयं ज्ञानगम्यं हृदि सर्वस्य विष्ठितम्॥17॥

इति क्षेत्रं तथा ज्ञानं ज्ञेयं चोक्तं समासतः।
मद्भक्त एतद्विज्ञाय मद्भावायोपपद्यते॥18॥

प्रकृतिं पुरुषं चैव विद्ध्यनादी उभावपि।
विकारांश्च गुणांश्चैव विद्धि प्रकृतिसम्भवान्॥19॥

कहा गया है,
कार्य-करण की
समुत्पत्ति में
प्रकृति हेतु है,
और हेतु
सुख-दुख भोग में
पुरुष, धनंजय (20)

प्रकृतिस्थित ही पुरुष
प्रकृति-संभूत गुणों को भोगा करता,
और गुणों का संग
पुरुष के सदसद्योनि-जन्म का कारण (21)

पृथा-पुत्र,
देहस्थ पुरुष ही
भोक्ता, भर्ता, अनुमंता औ' उपद्रष्टा है;
और महेश्वर,
परमात्मा भी
कहा गया है (22)

कार्यकरणकर्तृत्वे हेतुः प्रकृतिरुच्यते ।
पुरुषः सुखदुःखानां भोक्तृत्वे हेतुरुच्यते॥20॥

पुरुषः प्रकृतिस्थो हि भुङ्क्ते प्रकृतिजान्गुणान् ।
कारणं गुणसङ्गोऽस्य सदसद्योनिजन्मसु॥21॥

उपद्रष्टानुमन्ता च भर्ता भोक्ता महेश्वरः ।
परमात्मेति चाप्युक्तो देहेऽस्मिन्पुरुषः परः॥22॥

इस प्रकार जो व्यक्ति पुरुष को,
और गुणों के साथ प्रकृति को,
पार्थ, जानता,
सब प्रकार बर्तता हुआ भी
फिर न जन्मता (23)

ध्यानयोग से,
कितने ही जन
आत्मा को,
आत्मा में,
आत्मा के द्वारा देखा करते हैं;
सांख्ययोग से कितने ही जन,
ओ' कितने ही कर्मयोग से (24)

कितने ही जो नहीं जानते,
औरों से सुन,
उपासना उसकी करते हैं;
पार्थ, श्रुतिपरायण वे नर भी
मृत्यु-सिन्धु को
तर जाते हैं (25)

य एवं वेत्ति पुरुषं प्रकृतिं च गुणैः सह।
सर्वथा वर्तमानोऽपि न स भूयोऽभिजायते॥23॥

ध्यानेनात्मनि पश्यन्ति केचिदात्मानमात्मना।
अन्ये सांख्येन योगेन कर्मयोगेन चापरे॥24॥

अन्ये त्वेवमजानन्तः श्रुत्वान्येभ्य उपासते।
तेऽपि चातितरन्त्येव मृत्युं श्रुतिपरायणाः॥25॥

स्थावर-जंगम—
जो कुछ भी
उत्पन्न हुआ है,
भरतर्षभ, सब
क्षेत्र और क्षेत्रज्ञ योग-संभूत
जान तू (26)

नाशवान सारे भूतों में
जो अविनाशी परमेश्वर को
समप्रतिष्ठ देखा करता है,
वही देखता (27)

जो ईश्वर को,
सब में समवस्थित,
समान देखा करता है,
वह अपने को
अपने द्वारा नष्ट न करता,
और परम गति को
पाता है (28)

यावत्संजायते किंचित्सत्त्वं स्थावरजङ्गमम्।
क्षेत्रक्षेत्रज्ञसंयोगात्तद्विद्धि भरतर्षभ॥26॥

समं सर्वेषु भूतेषु तिष्ठन्तं परमेश्वरम्।
विनश्यत्स्वविनश्यन्तं यः पश्यति स पश्यति॥27॥

समं पश्यन्हि सर्वत्र समवस्थितमीश्वरम्।
न हिनस्त्यात्मनात्मानं ततो याति परां गतिम्॥28॥

जो कर्मों को
सब प्रकार से,
पार्थ, प्रकृति-कृत,
और अकर्त्ता
अपने को देखा करता है,
वही देखता (29)

जब वह
भूत पृथग्भावों को,
पृथा-पुत्र,
एकस्थ देखता,
और एक से ही
सबका विस्तार देखता,
तब वह
ब्रह्म प्राप्त होता है (30)

प्रकृत्यैव च कर्माणि क्रियमाणानि सर्वशः।
यः पश्यति तथात्मानमकर्तारं स पश्यति॥29॥

यदा भूतपृथग्भावमेकस्थमनुपश्यति।
तत एव च विस्तारं ब्रह्म सम्पद्यते तदा॥30॥

अनादित्व औ' निर्गुणत्व के
कारण यह अव्यय परमात्मा,
देहस्थित भी,
कर्म न करता,
और कर्म में लिप्त न होता (31)

जिस प्रकार
सर्वत्र व्याप्त आकाश,
सूक्ष्म होने के कारण,
लिप्त न होता,
वैसे ही
सर्वत्र देह में स्थित
आत्मा भी (32)

अनादित्वान्निर्गुणत्वात्परमात्मायमव्ययः।
शरीरस्थोऽपि कौन्तेय न करोति न लिप्यते॥31॥

यथा सर्वगतं सौक्ष्म्यादाकाशं नोपलिप्यते।
सर्वत्रावस्थितो देहे तथात्मा नोपलिप्यते॥32॥

एक सूर्य
सम्पूर्ण विश्व को
जैसे, पार्थ, प्रकाशित करता,
एक क्षेत्री
सब क्षेत्रों को
उसी प्रकार प्रकाशित करता (33)

ज्ञानचक्षु जो
क्षेत्र और क्षेत्रज्ञ भेद औ'
भूतप्रकृति से मोक्षप्राप्ति-विधि के
ज्ञाता हैं,
पार्थ, परम पद को पाते हैं (34)

यथा प्रकाशयत्येकः कृत्स्नं लोकमिमं रविः।
क्षेत्रं क्षेत्री तथा कृत्स्नं प्रकाशयति भारत॥33॥

क्षेत्रक्षेत्रज्ञयोरेवमन्तरं ज्ञानचक्षुषा।
भूतप्रकृतिमोक्षं च ये विदुर्यान्ति ते परम्॥34॥

अध्याय 14

गुणत्रयविभाग योग

कहा कृष्ण ने,
'परम ज्ञान, ज्ञानों में उत्तम,
फिर मैं तेरे लिए कहूँगा,
जिसे जानकर,
सब मुनि इस जग से विमुक्त हो,
भारत, परम सिद्धि पाते हैं (1)

कौन्तेय,
इस परम ज्ञान का आश्रय ले,
मेरे स्वरूप को प्राप्त हुए जन
सृष्टि-काल में जन्म न लेते,
प्रलय-काल में व्यथित न होते (2)

अर्जुन, मेरी प्रकृति योनि,
मैं उसमें गर्भस्थापन करता,
इस लीला से
जन्म सर्व भूतों का होता (3)

परं भूयः प्रवक्ष्यामि ज्ञानानां ज्ञानमुत्तमम्।
यज्ज्ञात्वा मुनयः सर्वे परां सिद्धिमितो गताः॥1॥
इदं ज्ञानमुपाश्रित्य मम साधर्म्यमागताः।
सर्गेऽपि नोपजायन्ते प्रलये न व्यथन्ति च॥2॥
मम योनिर्महद्ब्रह्म तस्मिन्गर्भं दधाम्यहम्।
सम्भवः सर्वभूतानां ततो भवति भारत॥3॥

सर्व योनियों में
जितनी मूर्तियाँ जन्मतीं,
उन सबकी माँ प्रकृति,
धनंजय,
औ' बीजप्रद पिता स्वयं मैं (4)

प्रकृति-समुद्भव गुण,
सत्, रज्, तम,
अव्यय देही को, भरतर्षभ,
देह-निबद्ध किया करते हैं (5)

अनघ,
अनामय औ' प्रकाशकर सत्,
निर्मल होने के कारण,
इस अव्यय को,
ज्ञान-संग-सुख-संग-निबद्ध
किया करता है (6)

सर्वयोनिषु कौन्तेय मूर्तयः सम्भवन्ति याः ।
तासां ब्रह्म महद्योनिरहं बीजप्रदः पिता॥4॥

सत्त्वं रजस्तम इति गुणाः प्रकृतिसंभवाः ।
निबध्नन्ति महाबाहो देहे देहिनमव्ययम्॥5॥

तत्र सत्त्वं निर्मलत्वात्प्रकाशकमनामयम् ।
सुखसङ्गेन बध्नाति ज्ञानसङ्गेन चानघ॥6॥

तृष्णा-संग-समुद्भव रज् को
राग-रूप तू जान, धनंजय,
इस अव्यय देही को वह रज्
कर्म-संग-फल-संग-निबद्ध
किया करता है (7)

और जान अज्ञानज तम को
सर्व देहियों का मोहक,
वह इस अव्यय को
निद्रालस्य-प्रमाद-निबद्ध
किया करता है (8)

सत् सुख में,
रज्, पार्थ, कर्म में,
तम आवृत कर ज्ञान,
लगाता है प्रमाद में (9)

रजो रागात्मकं विद्धि तृष्णासङ्गसमुद्भवम् ।
तन्निबध्नाति कौन्तेय कर्मसङ्गेन देहिनम्॥7॥

तमस्त्वज्ञानजं विद्धि मोहनं सर्वदेहिनाम् ।
प्रमादालस्यनिद्राभिस्तन्निबध्नाति भारत॥8॥

सत्त्वं सुखे संजयति रजः कर्मणि भारत ।
ज्ञानमावृत्य तु तमः प्रमादे संजयत्युत॥9॥

सत्,
रज्-तम को दाब उभरता,
तम,
रज्-सत् को,
रज्
तम-सत् को दाब उभरता (10)

देह-द्वार सब,
जब प्रकाश से और ज्ञान से,
उद्भासित हों,
ऐसा जाने सत्त्व बढ़ा है (11)

रज् बढ़ने पर
होता कर्मारम्भ,
प्रवृत्ति सजग हो जाती,
लोभस्पृहा-अशान्ति
जन्म लेतीं, भरतर्षभ (12)

रजस्तमश्चाभिभूय सत्त्वं भवति भारत।
रजः सत्त्वं तमश्चैव तमः सत्त्वं रजस्तथा॥10॥

सर्वद्वारेषु देहेऽस्मिन्प्रकाश उपजायते।
ज्ञानं यदा तदा विद्याद्विवृद्धं सत्त्वमित्युत॥11॥

लोभः प्रवृत्तिरारम्भः कर्मणामशमः स्पृहा।
रजस्येतानि जायन्ते विवृद्धे भरतर्षभ॥12॥

तम बढ़ने पर
अप्रकाश छाता अन्तर में,
अप्रवृत्ति होती कर्मों में,
और जन्म लेते प्रमाद औ' मोह,
धनंजय (13)

सत्त्व-प्रवृद्धि-काल में देही
जब तन तजता,
उत्तम कर्मों के
अमलिन लोकों को पाता (14)

रजस्-प्रवृद्धि-काल में देती
जब तन तजता,
जन्म, धनंजय,
कर्म-संगियों में वह पाता,
तमस्-वृद्धि में
तन तजकर वह
जन्म, परंतप,
मूढ़-योनियों में पाता है (15)

अप्रकाशोऽप्रवृत्तिश्च प्रमादो मोह एव च ।
तमस्येतानि जायन्ते विवृद्धे कुरुनन्दन॥13॥

यदा सत्त्वे प्रवृद्धे तु प्रलयं याति देहभृत् ।
तदोत्तमविदां लोकानमलान्प्रतिपद्यते॥14॥

रजसि प्रलयं गत्वा कर्मसङ्गिषु जायते ।
तथा प्रलीनस्तमसि मूढयोनिषु जायते॥15॥

सात्विक कर्मों का फल
सात्विक, निर्मल होता,
राजस का फल है दुख,
तामस का फल है अज्ञान, धनंजय (16)

सत्त्व ज्ञान को उपजाता है,
रजस् लोभ को,
और तमस् अज्ञान-मोह को,
औ' प्रमाद को (17)

जो सत्त्वस्थ, ऊर्ध्व जाते हैं,
मध्य ठहरते हैं राजस जन,
औ' जघन्य गुण-वृत्तिस्थित जो
तामस जन हैं नीचे जाते (18)

जब त्रिगुणों को छोड़
दूसरा कर्ता
द्रष्टा नहीं देखता,
और जानता है त्रिगुणों से परे परम को,
तब मद्भावप्राप्त होता है (19)

कर्मणः सुकृतस्याहुः सात्त्विकं निर्मलं फलम्।
रजसस्तु फलं दुःखमज्ञानं तमसः फलम्॥16॥

सत्त्वात्संजायते ज्ञानं रजसो लोभ एव च।
प्रमादमोहौ तमसो भवतोऽज्ञानमेव च॥17॥

ऊर्ध्वं गच्छन्ति सत्त्वस्था मध्ये तिष्ठन्ति राजसाः।
जघन्यगुणवृत्तिस्था अधो गच्छन्ति तामसाः॥18॥

नान्यं गुणेभ्यः कर्तारं यदा द्रष्टानुपश्यति।
गुणेभ्यश्च परं वेत्ति मद्भावं सोऽधिगच्छति॥19॥

देह-जनक इन तीन गुणों का
जब देही उल्लंघन करता,
जन्म, जरा औ' मृत्यु, दुःख से मुक्त,
परंतप,
वह अमृतत्व प्राप्त करता है (20)

हृषीकेश से ऐसा सुन
अर्जुन ने पूछा,
'हे प्रभु,
त्रिगुणातीत पुरुष का लक्षण क्या है?
और आचरण कैसा होता?
किस उपाय से
त्रिगुणातीत हुआ जाता है (21)

गुणानेतानतीत्य त्रीन्देही देहसमुद्भवान् ।
जन्ममृत्युजरादुःखैर्विमुक्तोऽमृतमश्नुते॥20॥

कैर्लिङ्गैस्त्रीन्गुणानेतानतीतो भवति प्रभो ।
किमाचारः कथं चैतांस्त्रीन्गुणानतिवर्तते॥21॥

हृषीकेश, उत्तर में, बोले,
'मोह, प्रवृत्ति, प्रकाश
जिस समय पर प्रवृत्त हों,
तब जो उनसे द्वेष करके मत,
और जिस समय पर निवृत्त हों,
तब जो उनकी चाह करे मत, (22)

उदासीन आसीन,
गुणों से विचलन जो हो,
गुण गुण में बर्तते—समझकर
अवतिष्ठित हो, डिगे नहीं जो, (23)

स्वस्थ धीर जो
निन्दास्तुति को,
अप्रिय-प्रिय को,
दुख-सुख को,
कंकर-कंचन को सम समझे (24)

मानापमान को, मित्र-शत्रु को,
सर्वारम्भ परित्यागी वह गुणातीत है (25)

प्रकाशं च प्रवृत्तिं च मोहमेव च पाण्डव।
न द्वेष्टि संप्रवृत्तानि न निवृत्तानि काङ्क्षति॥22॥

उदासीनवदासीनो गुणैर्यो न विचाल्यते।
गुणा वर्तन्त इत्येव योऽवतिष्ठति नेङ्गते॥23॥

समदुःखसुखः स्वस्थः समलोष्टाश्मकाञ्चनः।
तुल्यप्रियाप्रियो धीरस्तुल्यनिन्दात्मसंस्तुतिः॥24॥

मानापमानयोस्तुल्यस्तुल्यो मित्रारिपक्षयोः।
सर्वारम्भपरित्यागी गुणातीतः स उच्यते॥25॥

अव्यभिचारी भक्तियोग से
जो मेरी सेवा करता है,
वह त्रिगुणों का उल्लंघन कर,
ब्रह्मभूत होने का
अधिकारी होता है (26)

अव्यय ब्रह्म, धर्म शाश्वत का,
अमृत और ऐकान्तिक सुख का,
भरतश्रेष्ठ, मैं ही आश्रय हूँ (27)

मां च योऽव्यभिचारेण भक्तियोगेन सेवते।
स गुणान्समतीत्यैतान्ब्रह्मभूयाय कल्पते॥26॥

ब्रह्मणो हि प्रतिष्ठाहममृतस्याव्ययस्य च।
शाश्वतस्य च धर्मस्य सुखस्यैकान्तिकस्य च॥27॥

अध्याय 15

पुरुषोत्तम योग

कहा कृष्ण ने,
'ऊर्ध्व मूल औ' अधः डाल का
जो अव्यय अश्वत्थ,
वेद के पत्तों वाला,
कहा गया है,
जो उसको जानता
वही वेदों का ज्ञाता (1)

उसकी डालें,
विषय-प्रवालों वाली,
गुण से वृद्धि प्राप्त कर,
ऊपर-नीचे फैल गई हैं,
और जड़ें भी.
मनुज लोक में,
कर्मों के अनुसार बाँधने वाली बनकर
नीचे को सब ओर व्याप्त हैं (2)

ऊर्ध्वमूलमधःशाखमश्वत्थं प्राहुरव्ययम्।
छन्दांसि यस्य पर्णानि यस्तं वेद स वेदवित्॥1॥
अधश्चोर्ध्वं प्रसृतास्तस्य शाखा गुणप्रवृद्धा विषयप्रवालाः।
अधश्च मूलान्यनुसंततानि कर्मानुबन्धीनि मनुष्यलोके॥2॥

यथा रूप उसका बतलाया,
तथोपलब्ध नहीं होता वह,
आदि न उसका,
अन्त न उसका,
और न उसकी संस्थिति ही है।
इससे मानव,
दृढ़ असंग का शस्त्र उठाकर,
सुदृढ़-मूल अश्वत्थ वृक्ष यह काट गिराए (3)

फिर खोजे उस आदि पुरुष के पद को,
जिसको प्राप्त हुए
फिर नहीं लौटते,
जिससे, पार्थ,
प्रवृत्ति पुरातन प्रसृत हुई है,
और उसी के शरणागत हो (4)

कौन्तेय,
अध्यात्म-नित्य जो,
मान-मोह जो छोड़ चुका है,
संग-दोष जो जीत चुका है,
और कामनाओं से जो विनिवृत्त हो चुका,
सुख-दुख द्वन्द्वों से विमुक्त वह,
उस अव्यय पद को पाता है (5)

न रूपमस्येह तथोपलभ्यते नान्तो न चादिर्न च संप्रतिष्ठा ।
अश्वत्थमेनं सुविरूढमूलमसङ्गशस्त्रेण दृढेन छित्त्वा॥3॥

ततः पदं तत्परिमार्गितव्यं यस्मिन्गता न निवर्तन्ति भूयः ।
तमेव चाद्यं पुरुषं प्रपद्ये यतः प्रवृत्तिः प्रसृता पुराणी॥4॥

निर्मानमोहा जितसङ्गदोषा अध्यात्मनित्या विनिवृत्तकामाः ।
द्वन्द्वैर्विमुक्ताः सुखदुःखसंज्ञैर्गच्छन्त्यमूढाः पदमव्ययं तत्॥5॥

जिसे न सूर्य, न चन्द्र
प्रकाशित कर सकता है,
औ' न अग्नि ही,
जहाँ पहुँचकर
नहीं लौटना होता,
मेरा परम धाम है (6)

जीवधारियों में जीवात्मा
अर्जुन, मेरा अंश सनातन,
और वही इन
प्रकृतिस्थानी पाँच इन्द्रियों को,
मन को भी,
कर्षित करता (7)

वायु जिस तरह,
गंधाशय से,
गन्ध उड़ाकर ले जाता है,
उसी तरह से जीव,
त्यागता जिस शरीर को,
उससे मन-इन्द्रियाँ ग्रहण कर,
ले जाता है उस शरीर को,
जिसे, परंतप, वह पाता है (8)

न तद्भासयते सूर्यो न शशाङ्को न पावकः।
यद्गत्वा न निवर्तन्ते तद्धाम परमं मम॥6॥

ममैवांशो जीवलोके जीवभूतः सनातनः।
मनःषष्ठानीन्द्रियाणि प्रकृतिस्थानि कर्षति॥7॥

शरीरं यदवाप्नोति यच्चाप्युत्क्रामतीश्वरः।
गृहीत्वैतानि संयाति वायुर्गन्धानिवाशयात्॥8॥

घ्राण, रसन, त्वक्,
चक्षु, श्रोत्र का,
औ' मन का भी
आश्रय लेकर,
यह जीवात्मा
विषयों का सेवन करता है (9)

त्रिगुणान्वित इस जीवात्मा को,
देह त्यागते, या देहस्थित,
विषयों को भोगते,
मूढ़ जन देख न पाते;
ज्ञानचक्षु देखा करते हैं (10)

योगी जन भी,
आत्मस्थित इस जीवात्मा को,
बहुत यत्न कर,
पार्थ, देखते;
अकृतात्मा अज्ञानी जन तो,
बहुत यत्न करके भी,
उसको देख न पाते (11)

श्रोत्रं चक्षुः स्पर्शनं च रसनं घ्राणमेव च।
अधिष्ठाय मनश्चायं विषयानुपसेवते॥9॥

उत्क्रामन्तं स्थितं वापि भुञ्जानं वा गुणान्वितम्।
विमूढा नानुपश्यन्ति पश्यन्ति ज्ञानचक्षुषः॥10॥

यतन्तो योगिनश्चैनं पश्यन्त्यात्मन्यवस्थितम्।
यतन्तोऽप्यकृतात्मानो नैनं पश्यन्त्यचेतसः॥11॥

कौन्तेय, जो तेज सूर्यगत
अखिल जगत को उद्भासित करता है,
जो चन्द्रस्थित भी है,
अग्निस्थित भी,
उसको मेरा तेज समझ तू (12)

मैं ही पृथ्वी में प्रवेश कर,
ओजस् द्वारा सब भूतों को धारण करता,
और गगन में,
सोम रसात्मक बनकर,
सारी ओषधियों का पोषण करता (13)

सभी प्राणियों के शरीर में आश्रित
वैश्वानर बनकर मैं,
प्राणापान वायु से मिलकर,
पार्थ, चतुर्विध अन्न पचाता (14)

यदादित्यगतं तेजो जगद्भासयतेऽखिलम् ।
यच्चन्द्रमसि यच्चाग्नौ तत्तेजो विद्धि मामकम्॥12॥

गामाविश्य च भूतानि धारयाम्यहमोजसा ।
पुष्णामि चौषधीः सर्वाः सोमो भूत्वा रसात्मकः॥13॥

अहं वैश्वानरो भूत्वा प्राणिनां देहमाश्रितः ।
प्राणापानसमायुक्तः पचाम्यन्नं चतुर्विधम्॥14॥

सब हृदयों में सन्निविष्ट मैं;
मुझसे ही स्मृति, ज्ञान, अपोहन—
तीनों आते;
सब वेदों के द्वारा,
मैं ही वेद्य,
पार्थ, वेदान्त-विधाता;
वेदों का ज्ञाता भी मैं ही (15)

इस जगती में
क्षर औ' अक्षर
द्विविध पुरुष हैं,
सर्वभूत क्षर,
अक्षर है कूटस्थ, धनंजय (16)

पुरुषोत्तम,
पर, अन्य, परंतप,
जो लोकत्रय में प्रविष्ट,
उनका धारण-पोषण-कर्ता है;
वह अव्यय, ईश्वर, परमात्मा
कहा गया है (17)

सर्वस्य चाहं हृदि संनिविष्टो मत्तः स्मृतिर्ज्ञानमपोहनं च।
वेदैश्च सर्वैरहमेव वेद्यो वेदान्तकृद्वेदविदेव चाहम्॥15॥

द्वाविमौ पुरुषौ लोके क्षरश्चाक्षर एव च।
क्षरः सर्वाणि भूतानि कूटस्थोऽक्षर उच्यते॥16॥

उत्तमः पुरुषस्त्वन्यः परमात्मेत्युदाहृतः।
यो लोकत्रयमाविश्य बिभर्त्यव्यय ईश्वरः॥17॥

क्षरातीत मैं,
अक्षर से भी
मैं उत्तम हूँ,
इसीलिए सब लोक-वेद में
मैं पुरुषोत्तम कहा गया हूँ (18)

जो ज्ञानी है,
निश्चय, मुझको,
वह पुरुषोत्तम-रूप समझता,
सर्वभाव से, ऐसा सर्वज्ञानी,
मुझको ही भजता है (19)

अनघ धनंजय,
इस प्रकार यह
शास्त्र गुह्यतम
मैंने तेरे लिए कहा है;
इसे जानकर बुद्धिमान
कृतकृत्य सदा को हो जाता है (20)

यस्मात्क्षरमतीतोऽहमक्षरादपि चोत्तमः।
अतोऽस्मि लोके वेदे च प्रथितः पुरुषोत्तमः॥18॥

यो मामेवमसंमूढो जानाति पुरुषोत्तमम्।
स सर्वविद्भजति मां सर्वभावेन भारत॥19॥

इति गुह्यतमं शास्त्रमिदमुक्तं मयानघ।
एतद्बुद्ध्वा बुद्धिमान्स्यात्कृतकृत्यश्च भारत॥20॥

अध्याय 16

दैवासुरसंपद्विभाग योग

कहा कृष्ण ने,
'अभय, सत्त्व-संशुद्धि,
व्यवस्थिति ज्ञान योग में,
स्वाध्याय,
दम, दान, यज्ञ, तप,
ह्री, अद्रोह, अरोष, अहिंसा,
आर्जव, मार्दव, शौच, अपैशुन,
त्याग, अलोलुपता, अचपलता,
तेज, क्षमा, धृति, शान्ति, नम्रता,
सत्य औ' दया,
भारत, दैवी-संपद-प्राप्त
पुरुष के लक्षण (1-2-3)

अभयं सत्त्वसंशुद्धिर्ज्ञानयोगव्यवस्थितिः।
दानं दमश्च यज्ञश्च स्वाध्यायस्तप आर्जवम् ॥
अहिंसा सत्यमक्रोधस्त्यागः शान्तिरपैशुनम् ।
दया भूतेष्वलोलुप्त्वं मार्दवं ह्रीरचापलम् ॥
तेजः क्षमा धृतिः शौचमद्रोहोनातिमानितां ।
भवन्ति संपदं दैवीमभिजातस्य भारत॥1-2-3॥

दम्भ, दर्प,
अभिमान, क्रोध
अज्ञान, परुषता,
भारत, आसुर-संपद-प्राप्त
पुरुष के लक्षण (4)

दैवी संपद मोक्षदायिनी,
जैसे
आसुर बन्धकारिणी,
हे भरतर्षभ, शोक न कर,
तू दैवी-संपद-प्राप्त पुरुष है (5)

इस जगती के
भूतप्राणियों के स्वभाव जो
दो प्रकार के कहे गए हैं,
वे दैवासुर;
दैव सविस्तर कहा गया है,
कौन्तेय, आसुर मुझसे सुन (6)

दम्भो दर्पोऽभिमानश्च क्रोधः पारुष्यमेव च।
अज्ञानं चाभिजातस्य पार्थ संपदमासुरीम्॥4॥

दैवी संपद्विमोक्षाय निबन्धायासुरी मता।
मा शुचः संपदं दैवीमभिजातोऽसि पाण्डव॥5॥

द्वौ भूतसर्गौ लोकेऽस्मिन्दैव आसुर एव च।
दैवो विस्तरशः प्रोक्त आसुरं पार्थ मे शृणु॥6॥

आसुर यह जानते नहीं हैं,
क्या प्रवृत्ति है,
क्या निवृत्ति है;
सत्य, शौच, आचार,
नहीं उनमें होता है (7)

वे कहते हैं,
जगत अनीश्वर है,
असत्य है, अप्रतिष्ठ है,
अपरस्पर-संभूत, कामहैतुक,
भरतर्षभ, और कुछ नहीं कुछ (8)

इस विचार के
अल्पबृद्धि, नष्टात्म,
उग्रकर्मा जन, भारत,
जगतक्षय के लिए
जन्म धारण करते हैं (9)

प्रवृत्तिं च निवृत्तिं च जना न विदुरासुराः ।
न शौचं नापि चाचारो न सत्यं तेषु विद्यते॥7॥

असत्यमप्रतिष्ठं ते जगदाहुरनीश्वरम् ।
अपरस्परसंभूतं किमन्यत्कामहैतुकम्॥8॥

एतां दृष्टिमवष्टभ्य नष्टात्मानोऽल्पबुद्धयः ।
प्रभवन्त्युग्रकर्माणः क्षयाय जगतोऽहिताः॥9॥

ऐसे दम्भ-मान-मद-अन्धे,
तृप्त न होने वाली आकांक्षाएँ लेकर,
मोह-विमूढ़,
असत सिद्धान्तों को अपनाए,
अशुचि व्रतों में रत होते हैं (10)

वे, चिन्ताएँ,
अपरिमेय, प्रलयांत,
हृदय में आश्रित करके,
काम-भोग तत्पर होते हैं;
कुछ न देखते उसके आगे (11)

शत-शत आशा-पाश-बद्ध वे,
काम-क्रोध के दास,
कामभोगार्थ, पार्थ,
अन्याय्य वित्त
संचित करने की चेष्टा करते (12)

काममाश्रित्य दुष्पूरं दम्भमानमदान्विताः।
मोहाद्गृहीत्वासद्ग्राहान्प्रवर्तन्तेऽशुचिव्रताः॥10॥

चिन्तामपरिमेयां च प्रलयान्तामुपाश्रिताः।
कामोपभोगपरमा एतावदिति निश्चिताः॥11॥

आशापाशशतैर्बद्धाः कामक्रोधपरायणाः।
ईहन्ते कामभोगार्थमन्यायेनार्थसंचयान्॥12॥

कहते,
मुझको आज मिला यह,
कल वह मुझको मिलने वाला,
अभी पास में इतना धन है,
और बाद को ज़्यादा होगा (13)

आज शत्रु मैंने यह मारा,
कल मैं औरों को मारूँगा;
ऐश्वर्यों का भोगी मैं ही
ईश्वर, सिद्ध, सुखी, बलशाली (14)

मैं धनाढ्य,
बहु परिजन वाला,
अद्वितीय मैं;
यज्ञ-दान कर हर्षित हूँगा—
इस प्रकार अज्ञान-विमोहित,
पार्थ, जल्पते (15)

इदमद्य मया लब्धमिमं प्राप्स्ये मनोरथम्।
इदमस्तीदमपि मे भविष्यति पुनर्धनम्॥13॥

असौ मया हतः शत्रुर्हनिष्ये चापरानपि।
ईश्वरोऽहमहं भोगी सिद्धोऽहं बलवान्सुखी॥14॥

आढ्योऽभिजनवानस्मि कोऽन्योऽस्ति सदृशो मया।
यक्ष्ये दास्यामि मोदिष्य इत्यज्ञानविमोहिताः॥15॥

मोह-जाल में फँसे,
काम-भोगों में लिपटे,
भ्रांतचित्त वे
अशुचि नरक में जा गिरते हैं (16)

वे घमण्ड-घट, अहम्मन्य,
धन-मान-मदांध
सदंभ यज्ञ करते हैं,
जो हैं यज्ञ नाम के,
पर हैं विधि से हीन, धनंजय (17)

अहंकार, बल, दर्प,
काम औ' क्रोध परायण,
वे पर-निंदक,
आत्म तथा पर देह निवासी
मुझ अन्तर्यामी के द्वेषी (18)

अनेकचित्तविभ्रान्ता मोहजालसमावृताः।
प्रसक्ताः कामभोगेषु पतन्ति नरकेऽशुचौ॥16॥

आत्मसंभाविताः स्तब्धा धनमानमदान्विताः।
यजन्ते नामयज्ञैस्ते दम्भेनाविधिपूर्वकम्॥17॥

अहंकारं बलं दर्पं कामं क्रोधं च संश्रिताः।
मामात्मपरदेहेषु प्रद्विषन्तोऽभ्यसूयकाः॥18॥

उन विद्वेषी, अशुभ
क्रूरकर्मा अधमों को,
इस जगती में,
पुनः पुनः आसुरी योनियों में,
कौन्तेय, गिराता हूँ मैं (19)

पार्थ, मूढ़ वे,
जन्म-जन्म
आसुरी योनियों में पड़कर,
मुझको न प्राप्त कर,
अधमाधम गति ही पाते हैं (20)

काम, क्रोध औ' लोभ,
त्रिविध ये नरक-द्वार हैं–
आत्म-विनाशी–
इससे तीनों, पार्थ, त्याज्य हैं (21)

तानहं द्विषतः क्रूरान्संसारेषु नराधमान्।
क्षिपाम्यजस्रमशुभानासुरीष्वेव योनिषु॥19॥

आसुरीं योनिमापन्ना मूढा जन्मनि जन्मनि।
मामप्राप्यैव कौन्तेय ततो यान्त्यधमां गतिम्॥20॥

त्रिविधं नरकस्येदं द्वारं नाशनमात्मनः।
कामः क्रोधस्तथा लोभस्तस्मादेतत्त्रयं त्यजेत्॥21॥

इन तीनों
तम के द्वारों से
मुक्त हुआ नर,
अपने श्रेय-मार्ग पर चलता,
जिससे, पार्थ, परम गति पाता (22)

त्याग शास्त्र-विधि,
जो इच्छा-अनुसारी बनता,
वह न सिद्धि पाता,
न परम गति और न सुख ही (23)

कर्तव्याकर्तव्य न सूझे जब,
तब, पार्थ, प्रमाण शास्त्र हैं।
इसे समझकर,
विधानोक्त जो कर्म,
वही करना श्रेयस्कर (24)

एतैर्विमुक्तः कौन्तेय तमोद्वारैस्त्रिभिर्नरः।
आचरत्यात्मनः श्रेयस्ततो याति परां गतिम्॥22॥

यः शास्त्रविधिमुत्सृज्य वर्तते कामकारतः।
न स सिद्धिमवाप्नोति न सुखं न परां गतिम्॥23॥

तस्माच्छास्त्रं प्रमाणं ते कार्याकार्यव्यवस्थितौ।
ज्ञात्वा शास्त्रविधानोक्तं कर्म कर्तुमिहार्हसि॥24॥

अध्याय 17

श्रद्धात्रयविभाग योग

अर्जुन बोले,
'त्याग शास्त्र-विधि,
रह श्रद्धान्वित,
देवों की जो पूजा करते,
उनकी निष्ठा कैसी होती,
कृष्ण,
सात्विकी, या कि राजसी, या कि तामसी (1)

कहा कृष्ण ने,
'देहधारियों की वह श्रद्धा,
स्वभावजा,
सात्विक, राजस, तामस होती है,
तीन तरह की,
पृथा-पुत्र, उनको मुझसे सुन (2)

ये शास्त्रविधिमुत्सृज्य यजन्ते श्रद्धयान्विताः ।
तेषां निष्ठा तु का कृष्ण सत्त्वमाहो रजस्तमः॥1॥

त्रिविधा भवति श्रद्धा देहिनां सा स्वभावजा ।
सात्त्विकी राजसी चैव तामसी चेति तां शृणु॥2॥

सभी मनुष्यों की श्रद्धा
उनके सत्त्वानुरूप होती है;
श्रद्धामय हे पुरुष;
इसी से
जिसकी जो श्रद्धा होती है,
वह भी, पार्थ, वही होती है (3)

सात्त्विक देवों,
राजस राक्षस-यक्ष गणों की,
तामस प्रेतों, भूतगणों की
पूजा करते (4)

काम-राग-बल अभिमानी, दंभाहंकारी,
शास्त्रविहित विधि छोड़,
घोर तप जो करते हैं,
जो शरीर-स्थित भूतग्राम,
अन्तःशरीर-स्थित मुझे, पार्थ,
कृश करते हैं, वे अज्ञानी हैं;
इन्हें जान आसुर स्वभाव का (5-6)

सत्त्वानुरूपा सर्वस्य श्रद्धा भवति भारत।
श्रद्धामयोऽयं पुरुषो यो यच्छ्रद्धः स एव सः॥3॥

यजन्ते सात्त्विका देवान्यक्षरक्षांसि राजसाः।
प्रेतान्भूतगणांश्चान्ये यजन्ते तामसा जनाः॥4॥

अशास्त्रविहितं घोरं तप्यन्ते ये तपो जनाः।
दम्भाहंकारसंयुक्ताः कामरागबलान्विताः॥
कर्शयन्तः शरीरस्थं भूतग्राममचेतसः।
मां चैवान्तःशरीरस्थं तान्विद्ध्यासुरनिश्चयान्॥5-6॥

प्रिय हैं जो आहार सबों को,
तीन तरह के;
इसी तरह से यज्ञ, दान, तप
तीन तरह के;
इन भेदों को तू मुझसे सुन (7)

आयु, सत्व, बल,
प्रीति, स्वास्थ्य, सुख वर्धक,
रोचक, रसमय, स्निग्धस्थिर भोजन-प्रिय,
सात्त्विक जन हैं (8)

लवण, अम्ल, कटु,
रूक्ष, तीक्ष्ण, अत्युष्ण, विदाहक,
दुःख, शोक, रोगप्रद भोजन-प्रिय,
राजस जन (9)

अधपक, गतरस,
गंधयुक्त, उच्छिष्ट, अपावन,
बासी भोजन-प्रिय,
तामस जन (10)

आहारस्त्वपि सर्वस्य त्रिविधो भवति प्रियः।
यज्ञस्तपस्तथा दानं तेषां भेदमिमं शृणु॥7॥

आयुःसत्त्वबलारोग्यसुखप्रीतिविवर्धनाः।
रस्याः स्निग्धाः स्थिरा हृद्या आहाराः सात्त्विकप्रियाः॥8॥

कट्वम्ललवणात्युष्णतीक्ष्णरूक्षविदाहिनः।
आहारा राजसस्येष्टा दुःखशोकामयप्रदाः॥9॥

यातयामं गतरसं पूति पर्युषितं च यत्।
उच्छिष्टमपि चामेध्यं भोजनं तामसप्रियम्॥10॥

विहित और कर्त्तव्य-रूप,
मन से निश्चित कर,
फलाकांक्षा रहित यज्ञ जो
किया गया है,
वह सात्त्विक है (11)

कुन्ती-पुत्र,
फलार्थ और दंभार्थ यज्ञ जो
किया गया है,
वह राजस है (12)

विधि, श्रद्धा से हीन,
दक्षिणा, अन्न-मन्त्र से रहित,
यज्ञ जो किया गया है,
वह तामस है। (13)

ब्रह्मचर्य व्रत और अहिंसा,
शौच, सरलता
गुरु, द्विज, देव, प्राज्ञ का पूजन,
तन सम्बन्धी तप कहलाता (14)

अफलाकाङ्क्षिभिर्यज्ञो विधिदृष्टो य इज्यते।
यष्टव्यमेवेति मनः समाधाय स सात्त्विकः॥11॥

अभिसंधाय तु फलं दम्भार्थमपि चैव यत्।
इज्यते भरतश्रेष्ठ तं यज्ञं विद्धि राजसम्॥12॥

विधिहीनमसृष्टान्नं मन्त्रहीनमदक्षिणम्।
श्रद्धाविरहितं यज्ञं तामसं परिचक्षते॥13॥

देवद्विजगुरुप्राज्ञपूजनं शौचमार्जवम्।
ब्रह्मचर्यमहिंसा च शारीरं तप उच्यते॥14॥

अनुद्वेगकर,
सत्य, साथ, प्रिय, हितकर भाषण,
स्वाध्याय, अभ्यास,
वाङ्मय तप कहलाता (15)

मौन, सौम्यता,
भाव-शुद्धि, मन की प्रसन्नता,
आत्म-विनिग्रह,
मन सम्बन्धी तप कहलाता (16)

अफलाकांक्षी,
युक्त नरों के द्वारा,
पार्थ, परम श्रद्धा से
किया गया तप-त्रिविध उक्त,
सात्त्विक कहलाता (17)

जो सत्कार, मान, पूजा के लिए,
दम्भ से किया गया है,
वह अध्रुव-चल तप,
जग में राजस कहलाता (18)

अनुद्वेगकरं वाक्यं सत्यं प्रियहितं च यत्।
स्वाध्यायाभ्यसनं चैव वाङ्मयं तप उच्यते॥15॥

मनःप्रसादः सौम्यत्वं मौनमात्मविनिग्रहः।
भावसंशुद्धिरित्येतत्तपो मानसमुच्यते॥16॥

श्रद्धया परया तप्तं तपस्तत्त्रिविधं नरैः।
अफलाकाङ्क्षिभिर्युक्तैः सात्त्विकं परिचक्षते॥17॥

सत्कारमानपूजार्थं तपो दम्भेन चैव यत्।
क्रियते तदिह प्रोक्तं राजसं चलमध्रुवम्॥18॥

जो मूढ़ाग्रह से
अपने को पीड़ा देकर,
औरों को पीड़ित करने को
किया गया,
वह तप जग में तामस कहलाता (19)

पार्थ, दान दातव्य मानकर,
देश, काल औ' पात्र छानकर,
मन में प्रत्युपकार कामना रंच न रखकर,
दिया गया जो,
वह सात्त्विक है (20)

दान, परंतप,
क्लेश उठाकर,
फलोद्देश्य से,
मन में प्रत्युपकार कामना जाग्रत रखकर,
दिया गया जो,
वह राजस है (21)

मूढग्राहेणात्मनो यत्पीडया क्रियते तपः।
परस्योत्सादनार्थं वा तत्तामसमुदाहृतम्॥19॥

दातव्यमिति यद्दानं दीयतेऽनुपकारिणे।
देशे काले च पात्रे च तद्दानं सात्त्विकं स्मृतम्॥20॥

यत्तु प्रत्युपकारार्थं फलमुद्दिश्य वा पुनः।
दीयते च परिक्लिष्टं तद्दानं राजसं स्मृतम्॥21॥

दान,
अवज्ञा, असत्कार से,
देश, काल औ' पात्र बिना जाने-पहचाने
दिया गया जो,
वह तामस है (22)

ॐ तत्सत,
यह त्रिविध,
ब्रह्म का नाम कहा है;
पुरा काल में
यज्ञ, वेद, ब्राह्मण उससे ही रचे गए हैं (23)

इससे, सतत, ब्रह्मवादीगण
विधानोक्त सब
यज्ञ-दान-तप-क्रियारम्भ में
ॐ नाम उच्चारण करते (24)

भारत, मोक्षकामियों द्वारा
विविध यज्ञ, तप, दान क्रियाएँ
फलासंग 'तत्' कह की जातीं (25)

अदेशकाले यद्दानमपात्रेभ्यश्च दीयते।
असत्कृतमवज्ञातं तत्तामसमुदाहृतम्॥22॥

ॐ तत्सदिति निर्देशो ब्रह्मणस्त्रिविधः स्मृतः।
ब्राह्मणास्तेन वेदाश्च यज्ञाश्च विहिताः पुरा॥23॥

तस्मादोमित्युदाहृत्य यज्ञदानतपःक्रियाः।
प्रवर्तन्ते विधानोक्ताः सततं ब्रह्मवादिनाम्॥24॥

तदित्यनभिसंधाय फलं यज्ञतपःक्रियाः।
दानक्रियाश्च विविधाः क्रियन्ते मोक्षकाङ्क्षिभिः॥25॥

पार्थ, 'सदित्येतत्' प्रयुक्त होता है
सत्य-साधु-भावों में;
और प्रशस्त कर्म में भी
'सत्' शब्द प्रयोग किया जाता है (26)

यज्ञ, दान, तप की
स्थिति को भी,
'सत्' कहते हैं;
निश्चय ही,
जो कर्म तदर्थ किए जाते हैं,
वे भी सब 'सत्' कहलाते हैं (27)

पार्थ, बिना श्रद्धा सम्पादित
यज्ञ, दान, तप,
या जो कुछ भी किया गया है,
असत सभी वह कहलाता है;
इस जीवन में, मरने पर भी,
कुछ भी काम नहीं आता है (28)

सद्भावे साधुभावे च सदित्येतत्प्रयुज्यते।
प्रशस्ते कर्मणि तथा सच्छब्दः पार्थ युज्यते॥26॥

यज्ञे तपसि दाने च स्थितिः सदिति चोच्यते।
कर्म चैव तदर्थीयं सदित्येवाभिधीयते॥27॥

अश्रद्धया हुतं दत्तं तपस्तप्तं कृतं च यत्।
असदित्युच्यते पार्थ न च तत्प्रेत्य नो इह॥28॥

अध्याय 18

मोक्षसंन्यास योग

अर्जुन बोले,
'केशिनिषूदन, हृषीकेश, हे महाबाहु, मैं
त्याग और संन्यास तत्त्व को
पृथक-पृथक जानना चाहता (1)

कहा कृष्ण ने,
'काम्य कर्म का त्याग, धनंजय,
पण्डित जन संन्यास मानते,
और विचक्षण
सब कर्मों के फलत्याग को
त्याग बताते (2)

संन्यासस्य महाबाहो तत्त्वमिच्छामि वेदितुम् ।
त्यागस्य च हृषीकेश पृथक्केशिनिषूदन॥1॥

काम्यानां कर्मणां न्यासं संन्यासं कवयो विदुः ।
सर्वकर्मफलत्यागं प्राहुस्त्यागं विचक्षणाः॥2॥

कई मनीषी ऐसा कहते,
दोषयुक्त सब कर्म,
इसी से त्याज्य सभी हैं,
और दूसरे ऐसा कहते,
यज्ञ, दान, तप, कर्म त्यागने योग्य
नहीं हैं (3)

त्याग-विषय में, अर्जुन,
मेरे निश्चय को सुन;
पार्थ, त्याग यह
तीन तरह का कहा गया (4)

यज्ञ, दान, तप कर्म त्यागने योग्य नहीं,
कर्तव्य रूप हैं;
यज्ञ, दान, तप तीनों ही, भारत,
मनीषियों को पावन करने वाले हैं (5)

पार्थ, ये तथा अन्य कर्म भी,
फलासक्ति तज, करने के हैं;
ऐसा मेरा उत्तम और सुनिश्चित मत है (6)

त्याज्यं दोषवदित्येके कर्म प्राहुर्मनीषिणः।
यज्ञदानतपःकर्म न त्याज्यमिति चापरे॥3॥

निश्चयं शृणु मे तत्र त्यागे भरतसत्तम।
त्यागो हि पुरुषव्याघ्र त्रिविधः संप्रकीर्तितः॥4॥

यज्ञदानतपःकर्म न त्याज्यं कार्यमेव तत्।
यज्ञो दानं तपश्चैव पावनानि मनीषिणाम्॥5॥

एतान्यपि तु कर्माणि सङ्गं त्यक्त्वा फलानि च।
कर्तव्यानीति मे पार्थ निश्चितं मतमुत्तमम्॥6॥

नियत कर्म का त्याग, धनंजय,
उचित नहीं है;
अगर मोह से उसका त्याग किया जाता है,
तामस त्याग कहा जाता है (7)

कर्मों को दुख-रूप समझकर,
काय-क्लेश-भय से यदि उनको त्यागा जाता,
राजस की श्रेणी में आता;
राजस त्यक्ता, पार्थ,
त्याग-फल-वंचित रहता (8)

नियत कर्म
कर्तव्य समझकर किया गया जो,
फलासक्ति को लेश न रखकर,
सात्त्विक त्याग कहा जाता है (9)

नियतस्य तु संन्यासः कर्मणो नोपपद्यते।
मोहात्तस्य परित्यागस्तामसः परिकीर्तितः॥7॥

दुःखमित्येव यत्कर्म कायक्लेशभयात्त्यजेत्।
स कृत्वा राजसं त्यागं नैव त्यागफलं लभेत्॥8॥

कार्यमित्येव यत्कर्म नियतं क्रियतेऽर्जुन।
सङ्गं त्यक्त्वा फलं चैव स त्यागः सात्त्विको मतः॥9॥

पृथा-पुत्र, जो
कुशल-कर्म से प्रेम न रखता,
अकुशल से विद्वेष न करता,
शुद्ध सत्त्व में समाविष्ट वह
गतसंशय मेधावी त्यागी (10)

देह धारकर सब कर्मों का
कोई त्याग नहीं कर सकता;
इससे, पार्थ,
कर्मफल-त्यागी ही
त्यागी माना जाता है (11)

पार्थ, सकामी के कर्मों का
इष्ट, अनिष्ट, मिश्र फल होता—त्रिविध,
न मिटता मरने पर भी,
लेकिन संन्यासी के कर्मों का फल कोई
कभी न होता (12)

न द्वेष्ट्यकुशलं कर्म कुशले नानुषज्जते।
त्यागी सत्त्वसमाविष्टो मेधावी छिन्नसंशयः॥10॥

न हि देहभृता शक्यं त्युक्तं कर्माण्यशेषतः।
यस्तु कर्मफलत्यागी स त्यागीत्यभिधीयते॥11॥

अनिष्टमिष्टं मिश्रं च त्रिविधं कर्मणः फलम्।
भवत्यत्यागिनां प्रेत्य न तु संन्यासिनां क्वचित्॥12॥

सब कामों की सिद्धि के लिए
ये ही कारण पंच, धनंजय,
सांख्य शास्त्र में कहे गए हैं,
जिन्हें तुझे मैं बतलाता हूँ (13)

'अधिष्ठान' है प्रथम,
दूसरा 'कर्ता' है,
तीसरा 'करण' है–
पृथक-पृथक जो–
हे चतुर्थ 'चेष्टा'–
नानाविध, न्यारी-न्यारी–
अन्तिम औ' पाँचवाँ 'दैव' है (14)

नर
शरीर, वाणी, मन से जो
कर्म न्याय्य-अन्याय्य
सिद्ध करने को चलता,
ये ही उसके पाँच हेतु हैं (15)

पञ्चैतानि महाबाहो कारणानि निबोध मे।
सांख्ये कृतान्ते प्रोक्तानि सिद्धये सर्वकर्मणाम्॥13॥

अधिष्ठानं तथा कर्ता करणं च पृथग्विधम्।
विविधाश्च पृथक्चेष्टा दैवं चैवात्र पञ्चमम्॥14॥

शरीरवाङ्मनोभिर्यत्कर्म प्रारभते नरः।
न्याय्यं वा विपरीतं वा पञ्चैते तस्य हेतवः॥15॥

ऐसा होने पर भी
जो निज विकृत बुद्धि से
केवल अपने को कर्ता, कौन्तेय, देखता,
दुर्मति वह देखता नहीं है (16)

'मैं कर्ता हूँ', ऐसा जिसका भाव नहीं है,
लिप्त कर्म में, भारत, जिसकी बुद्धि नहीं है,
इन सब लोगों का वध कर भी
न तो मारता है न पाप में ही बँधता है (17)

ज्ञाता, ज्ञान, ज्ञेय
प्रेरक हैं, त्रिविध, कर्म के,
कर्ता, करण, कर्म तीनों हैं कर्म-संग्रही (18)

ज्ञान, कर्म, कर्ता—हरेक—
गुण के विभेद से
सांख्य शास्त्र में
तीन तरह के कहे गए हैं।
उन्हें यथावत सुन तू मुझसे (19)

तत्रैवं सति कर्तारमात्मानं केवलं तु यः।
पश्यत्यकृतबुद्धित्वान्न स पश्यति दुर्मतिः॥16॥

यस्य नाहंकृतो भावो बुद्धिर्यस्य न लिप्यते।
हत्वापि स इमाँल्लोकान्न हन्ति न निबध्यते॥17॥

ज्ञानं ज्ञेयं परिज्ञाता त्रिविधा कर्मचोदना।
करणं कर्म कर्तेति त्रिविधः कर्मसंग्रहः॥18॥

ज्ञानं कर्म च कर्ता च त्रिधैव गुणभेदतः।
प्रोच्यते गुणसंख्याने यथावच्छृणु तान्यपि॥19॥

जिसके द्वारा
एक भाव
अविभक्त और अव्यय
विभक्त सारे भूतों में देखा जाता,
पार्थ, ज्ञान वह सात्त्विक होता (20)

जिसके द्वारा
नाना भावों को
नाना-रूपी भूतों में
पृथक-पृथक ही देखा जाता,
पार्थ, ज्ञान वह राजस होता (21)

और ज्ञान जो,
खण्ड रूप को पूर्ण बताकर,
उसके प्रति आसक्त बनाता,
वह तामस है–
अल्प, अतत्व, अहेतु, धनंजय (22)

सर्वभूतेषु येनैकं भावमव्ययमीक्षते।
अविभक्तं विभक्तेषु तज्ज्ञानं विद्धि सात्त्विकम्॥20॥

पृथक्त्वेन तु यज्ज्ञानं नानाभावान्पृथग्विधान्।
वेत्ति सर्वेषु भूतेषु तज्ज्ञानं विद्धि राजसम्॥21॥

यत्तु कृत्स्नवदेकस्मिन्कार्ये सक्तमहैतुकम्।
अतत्त्वार्थवदल्पं च तत्तामसमुदाहृतम्॥22॥

नियत कर्म जो,
संग-रहित हो,
फल न चाहकर,
द्वेष-राग का परित्याग कर,
किया गया है,
वह सात्त्विक है (23)

पार्थ, कर्म जो
बहु प्रयास कर किया गया है
फल की इच्छा रखने वाले
और अहंकारी के द्वारा,
वह राजस है (24)

और कर्म जो,
पौरुष, हिंसा, हानि और परिणाम,
परंतप, बिना विचारे,
मोह-मुग्ध हो किया गया है,
वह तामस है (25)

नियतं सङ्गरहितमरागद्वेषतः कृतम्।
अफलप्रेप्सुना कर्म यत्तत्सात्त्विकमुच्यते॥23॥

यत्तु कामेप्सुना कर्म साहङ्कारेण वा पुनः।
क्रियते बहुलायासं तद्राजसमुदाहृतम्॥24॥

अनुबन्धं क्षयं हिंसामनवेक्ष्य च पौरुषम्।
मोहादारभ्यते कर्म यत्तत्तामसमुच्यते॥25॥

कौन्तेय, जो
मुक्तसंग, अनहंवादी है—
धैर्य और उत्साह-समन्वित—
सिद्धि-असिद्धि-विकार रहित है,
वह कर्ता सात्त्विक कहलाता (26)

कौन्तेय, जो
रागी, कर्मफलाशी, लोभी,
हिंसक, अशुचि, हर्ष-शोकान्वित,
वह कर्ता राजस कहलाता (27)

जो अयुक्त, प्राकृत, घमण्ड-घट,
धूर्त, नैष्कृतिक,
अलस, विवादी, दीर्घसूत्री,
वह कर्ता तामस कहलाता (28)

बुद्धि और धृति के भी
गुण से तीन भेद हैं;
पृथक-पृथक सबको मुझसे सुन (29)

मुक्तसङ्गोऽनहंवादी धृत्युत्साहसमन्वितः।
सिद्ध्यसिद्ध्योर्निर्विकारः कर्ता सात्त्विक उच्यते॥26॥

रागी कर्मफलप्रेप्सुर्लुब्धो हिंसात्मकोऽशुचिः।
हर्षशोकान्वितः कर्ता राजसः परिकीर्तितः॥27॥

अयुक्तः प्राकृतः स्तब्धः शठो नैष्कृतिकोऽलसः।
विषादी दीर्घसूत्री च कर्ता तामस उच्यते॥28॥

बुद्धेर्भेदं धृतेश्चैव गुणतस्त्रिविधं शृणु।
प्रोच्यमानमशेषेण पृथक्त्वेन धनंजय॥29॥

जो प्रवृत्ति-पथ औ' निवृत्ति-पथ,
कर्तव्याकर्तव्य, भयाभय,
बन्ध-मोक्ष तत्त्वतः जानती,
कौन्तेय, वह बुद्धि सात्त्विकी (30)

कर्तव्याकर्तव्य,
धर्म को औ' अधर्म को
जो यथार्थतः नहीं जानती,
कौन्तेय, वह बुद्धि राजसी (31)

जो तमसावृत हो
अधर्म को धर्म समझती,
सभी अर्थ विपरीत लगाती,
कौन्तेय, वह बुद्धि तामसी (32)

अव्यभिचारी जिस धृति द्वारा,
ध्यान-योग से,
मनप्राणेन्द्रिय-क्रिया
अर्जुन, सात्त्विक मानी जाती (33)

प्रवृत्तिं च निवृत्तिं च कार्याकार्ये भयाभये।
बन्धं मोक्षं च या वेत्ति बुद्धिः सा पार्थ सात्त्विकी॥30॥

यया धर्ममधर्मं च कार्यं चाकार्यमेव च।
अयथावत्प्रजानाति बुद्धि सा पार्थ राजसी॥31॥

अधर्मं धर्ममिति या मन्यते तमसावृता।
सर्वार्थान्विपरीतांश्च बुद्धिः सा पार्थ तामसी॥32॥

धृत्या यया धारयते मनःप्राणेन्द्रियक्रियाः।
योगेनाव्यभिचारिण्या धृतिः सा पार्थ सात्त्विकी॥33॥

फलाकांक्षी,
जिस धृति द्वारा,
धर्म, अर्थ, कामों को
अति आसक्ति सहित धारण करता है,
अर्जुन, राजस मानी जाती (34)

दुष्टबुद्धि नर,
जिस धृति द्वारा,
निद्रा, भय, चिन्ता, विषाद, मद
नहीं छोड़ता,
अर्जुन, तामस मानी जाती (35)

अब, भरतर्षभ,
त्रिविध सुखों को भी
मुझसे सुन;
सात्त्विक, सुख ऐसा होता है,
कर अभ्यास, रमण कर उसमें
त्राण दुखों से मिल जाता है (36)

यया तु धर्मकामार्थान्धृत्या धारयतेऽर्जुन।
प्रसङ्गेन फलाकाङ्क्षी धृतिः सा पार्थ राजसी॥34॥

यया स्वप्नं भयं शोकं विषादं मदमेव च।
न विमुञ्चति दुर्मेधा धृतिः सा पार्थ तामसी॥35॥

सुखं त्विदानीं त्रिविधं शृणु मे भरतर्षभ।
अभ्यासाद्रमते यत्र दुःखान्तं च निगच्छति॥36॥

भगवत्-विषयक-बुद्धि-प्रसादज
सुख
जो पहले विष सम,
पीछे अमृतोपम है,
अर्जुन, सात्विक माना जाता (37)

विषयेन्द्रिय-संयोगज
सुख
जो पहले अमृतोपम,
पीछे विष सम होता है,
अर्जुन, राजस कहलाता है (38)

निद्रालस्य-प्रमादज
सुख
जो पहले-पीछे आत्मविमोहक,
अर्जुन, तामस कहा गया है (39)

यत्तदग्रे विषमिव परिणामेऽमृतोपमम्।
तत्सुखं सात्त्विकं प्रोक्तमात्मबुद्धिप्रसादजम्॥37॥

विषयेन्द्रियसंयोगाद्यत्तदग्रेऽमृतोपमम्।
परिणामे विषमिव तत्सुखं राजसं स्मृतम्॥38॥

यदग्रे चानुबन्धे च सुखं मोहनमात्मनः।
निद्रालस्यप्रमादोत्थं तत्तामसमुदाहृतम्॥39॥

द्यावा-पृथिवी, नर-अमरों में
कोई प्राण नहीं
प्रकृति के तीन गुणों से
जो विमुक्त हो (40)

ब्राह्मण, क्षत्रिय, वैश्य, शूद्र के कर्म,
स्वभावज गुणाधार पर,
पार्थ, विभाजित किए गए हैं (41)

शम, दम, शौच, क्षमा, तप, आर्जव सहित
ज्ञान-विज्ञान-विशारद बनना,
बुद्धि आस्तिकी रखना,
कर्म स्वभावज हैं ब्राह्मण के (42)

शौर्य, तेज, धृति, दाक्ष्य, दान सह,
पार्थ, भाव स्वामी का रखना,
और न रण में पीठ दिखाना,
कर्म स्वभावज हैं क्षत्रिय के (43)

न तदस्ति पृथिव्यां वा दिवि देवेषु वा पुनः।
सत्त्वं प्रकृतिजैर्मुक्तं यदेभिःस्यात्त्रिभिर्गुणैः॥40॥

ब्राह्मणक्षत्रियविशां शूद्राणां च परंतप।
कर्माणि प्रविभक्तानि स्वभावप्रभवैर्गुणैः॥41॥

शमो दमस्तपः शौचं क्षान्तिरार्जवमेव च।
ज्ञानं विज्ञानमास्तिक्यं ब्रह्मकर्म स्वभावजम्॥42॥

शौर्यं तेजो धृतिर्दाक्ष्यं युद्धे चाप्यपलायनम्।
दानमीश्वरभावश्च क्षात्रं कर्म स्वभावजम्॥43॥

कृषि, वाणिज्य और गौरक्षण,
समझ, स्वभावज कर्म वैश्य का,
परिचर्यात्मक, पार्थ,
स्वभावज कर्म शूद्र का (44)

पार्थ, स्वकर्म-निरत जो नर है,
वह संसिद्धि प्राप्त करता है;
सिद्धि स्वकर्म-निरत कैसे पाता है,
इसको तू मुझसे सुन (45)

जिससे जन्म हैं सब प्राणी,
जिससे व्याप्त जगत यह सारा,
अपने कर्मों से उसका अर्चन करने से
मानव सिद्धि प्राप्त करता है (46)

**कृषिगौरक्ष्यवाणिज्यं वैश्यकर्म स्वभावजम्।
परिचर्यात्मकं कर्म शूद्रस्यापि स्वभावजम्॥44॥**

**स्वे स्वे कर्मण्यभिरतः संसिद्धिं लभते नरः।
स्वकर्मनिरतः सिद्धिं यथा विन्दति तच्छृणु॥45॥**

**यतः प्रवृत्तिर्भूतानां येन सर्वमिदं ततम्।
स्वकर्मणा तमभ्यर्च्य सिद्धिं विन्दति मानवः॥46॥**

पार्थ,
पराए विधिवत पाले हुए धर्म से
विगुण धर्म भी अपना अच्छा,
जो स्वभाव से नियत कर्म है,
उसको करता मानव
पापी कभी न बनता (47)

दोषयुक्त भी सहज कर्म नर
कभी न छोड़े;
सभी कर्म तो दोषावृत हैं,
अग्नि धूम्र से आवृत जैसे (48)

अनासक्त सर्वत्र, जितात्मा
औ' विगतस्पृह,
सांख्य योग से, पार्थ,
परम निष्कर्म-सिद्धि को
पा जाता है (49)

श्रेयान्स्वधर्मो विगुणः परधर्मात्स्वनुष्ठितात्।
स्वभावनियतं कर्म कुर्वन्नाप्नोति किल्बिषम्॥47॥

सहजं कर्म कौन्तेय सदोषमपि न त्यजेत्।
सर्वारम्भा हि दोषेण धूमेनाग्निरिवावृताः॥48॥

असक्तबुद्धिः सर्वत्र जितात्मा विगतस्पृहः।
नैष्कर्म्यसिद्धिं परमां संन्यासेनाधिगच्छति॥49॥

ज्ञान परानिष्ठा क्या है औ'
सिद्धिप्राप्त नर ब्रह्मप्राप्त कैसे होता है?—
इसको भी तू,
अर्जुन मुझसे थोड़े में सुन (50)

जो है युक्त विशुद्ध बुद्धि से,
भारत, दृढ़, वैराग्य-उपाश्रित,
सात्विक धृति से आत्मसंयमी,
शब्द आदि विषयों का त्यागी,
रागद्वेष-ज्वाल विध्वंशी,
काया, वाक्, मनस् पर विजयी,
निभृतनिवासी, स्वल्पाहारी,
अविरत ध्यान-योग में तन्मय,
अहंकार, बल, दर्प, काम औ'
क्रोध, परिग्रह का परित्यक्ता,
शान्त और निर्मम स्वभाव का
ब्रह्मलीन होने का अधिकारी बनता है (51-52-53)

सिद्धिं प्राप्तो यथा ब्रह्म तथाप्नोति निबोध मे।
समासेनैव कौन्तेय निष्ठा ज्ञानस्य या परा॥50॥

बुद्ध्या विशुद्धया युक्तो धृत्यात्मानं नियम्य च।
शब्दादीन्विषयांस्त्यक्त्वा रागद्वेषौ व्युदस्य च॥
विविक्तसेवी लघ्वासी यतवाक्कायमानसः।
ध्यानयोगपरो नित्यं वैराग्यं समुपाश्रितः॥
अहंकारं बलं दर्पं कामं क्रोधं परिग्रहम्।
विमुच्य निर्ममः शान्तो ब्रह्मभूयाय कल्पते॥51-52-53॥

जो, प्रसन्नचित्त है, ब्रह्मस्थित है,
उसे न शोक, न आकांक्षा है;
रह समभाव सर्वभूतों में
मेरी पराभक्ति पाता है (54)

उसी भक्ति से
मुझे तत्वतः जाना करता—
जो मैं जैसा;
उसी भक्ति से
मुझे तत्वतः जान, पार्थ,
तदनन्तर मुझमें लय हो जाता (55)

आश्रित मेरा,
सदा, सभी कर्मों को
करते रहने पर भी,
कुन्ती-पुत्र, कृपा से मेरी
शाश्वत-अव्यय पद पाता है (56)

ब्रह्मभूतः प्रसन्नात्मा न शोचति न काङ्क्षति।
समः सर्वेषु भूतेषु मद्भक्तिं लभते पराम्॥54॥

भक्त्या मामभिजानाति यावान्यश्चास्मि तत्त्वतः।
ततो मां तत्त्वतो ज्ञात्वा विशते तदनन्तरम्॥55॥

सर्वकर्माण्यपि सदा कुर्वाणो मद्व्यपाश्रयः।
मत्प्रसादादवाप्नोति शाश्वतं पदमव्ययम्॥56॥

सब कर्मों को
मुझे समर्पित करके मन से,
अपने को मुझमें निमग्न कर,
बुद्धियोग का अवलम्बन ले,
सतत चित्त में रख तू मुझको (57)

मुझे चित्त में रख, कौन्तेय,
कृपा से मेरी,
सब दुर्गों को तर जाएगा;
अहंकारवश यदि तू मेरी नहीं सुनेगा,
मिट जाएगा (58)

अहंकार-आश्रित,
यदि तू ऐसा कहता है,
'रण न करूँगा',
तेरा निश्चय मिथ्या होगा;
प्रकृति कराएगी रण तुझसे (59)

चेतसा सर्वकर्माणि मयि संन्यस्य मत्परः।
बुद्धियोगमुपाश्रित्य मच्चितः सततं भव॥57॥

मच्चितः सर्वदुर्गाणि मत्प्रसादात्तरिष्यसि।
अथ चेत्त्वमहंकारान्न श्रोष्यसि विनङ्क्ष्यसि॥58॥

यदहंकारमाश्रित्य न योत्स्य इति मन्यसे।
मिथ्यैष व्यवसायस्ते प्रकृतिस्त्वां नियोक्ष्यति॥59॥

पार्थ, मोह वश,
जो तू करना नहीं चाहता,
मान, उसे भी,
बद्ध स्वभावज कर्मों से,
तू विवश करेगा (60)

जो सब यंत्रारूढ़ प्राणियों को
माया से भ्रमा रहा है,
वह ईश्वर
उन सभी प्राणियों के हृदयों में
पार्थ, प्रतिष्ठित (61)

सर्वभाव से, भारत,
उसकी शरण पकड़ तू,
कृपा उसी की
परम शान्ति, शाश्वत स्थान देने वाली है (62)

स्वभावजेन कौन्तेय निबद्धः स्वेन कर्मणा।
कर्तुं नेच्छसि यन्मोहात्करिष्यस्यवशोऽपि तत्॥60॥

ईश्वरः सर्वभूतानां हृद्देशेऽर्जुन तिष्ठति।
भ्रामयन्सर्वभूतानि यन्त्रारूढानि मायया॥61॥

तमेव शरणं गच्छ सर्वभावेन भारत।
तत्प्रसादात्परां शान्तिं स्थानं प्राप्स्यसि शाश्वतम्॥62॥

इस प्रकार
यह ज्ञान गुह्यतर
मैंने तेरे लिए कहा है,
पूरी तरह ध्यान दे इस पर
कर जैसी तेरी इच्छा हो (63)

सर्व गुह्यतम,
परम वचन यह मेरा,
फिर सुन;
तू मेरा दृढ़ इष्ट,
इसी से, तेरे हित जो हितकर,
उसको फिर कहता हूँ (64)

प्रेमी और भक्त बन मेरा,
पूज मुझे तू, नमस्कार कर;
तू मुझको पाएगा,
मेरी सत्य प्रतिज्ञा तुझसे,
प्यारा तू मेरा है (65)

इति ते ज्ञानमाख्यातं गुह्याद्गुह्यतरं मया।
विमृश्यैतदशेषेण यथेच्छसि तथा कुरु॥63॥

सर्वगुह्यतमं भूयः शृणु मे परमं वचः।
इष्टोऽसि मे दृढमिति ततो वक्ष्यामि ते हितम्॥64॥

मन्मना भव मद्भक्तो मद्याजी मां नमस्कुरु।
मामेवैष्यसि सत्यं ते प्रतिजाने प्रियोऽसि मे॥65॥

सब धर्मों का परित्याग कर,
मेरी एक शरण में
आ तू,
शोक न कर, मैं तुझे, परंतप,
सब पापों से मुक्त करूँगा (66)

इससे उनको,
भक्त नहीं, तपकाय नहीं जो,
कभी सुनाना नहीं चाहिए,
औ' न उन्हें ही,
जो सुनने की चाह न रखते,
जो मेरी निन्दा करते हैं (67)

जो मुझमें रख परम भक्ति,
इस परम गुह्य को
मेरे भक्तों में खोलेगा,
निःसंशय मुझको पाएगा (68)

सर्वधर्मान्परित्यज्य मामेकं शरणं व्रज।
अहं त्वा सर्वपापेभ्यो मोक्षयिष्यामि मा शुचः॥66॥

इदं ते नातपस्काय नाभक्ताय कदाचन।
न चाशुश्रूषवे वाच्यं न च मां योऽभ्यसूयति॥67॥

य इमं परमं गुह्यं मद्भक्तेष्वभिधास्यति।
भक्तिं मयि परां कृत्वा मामेवैष्यत्यसंशयः॥68॥

उससे प्रियकर्मा पृथ्वी पर
नहीं मनुष्यों में कोई है,
और न उससे प्रियतर कोई मेरा
इसी पृथ्वी पर होगा (69)

हम दोनों का धर्मपूर्ण संवाद
नित्य जो पाठ करेगा,
उसके द्वारा ज्ञान-यज्ञ से
मैं पूजित होऊँगा,
ऐसा मेरा मत है (70)

जो नर श्रद्धावान, कुतर्क-रहित हो,
केवल श्रवण करेगा,
वह भी पापों से विमुक्त हो,
पुण्य कर्म करने वालों के शुभ लोकों को
प्राप्त करेगा (71)

न च तस्मान्मनुष्येषु कश्चिन्मे प्रियकृत्तमः।
भविता न च मे तस्मादन्यः प्रियतरो भुवि॥69॥

अध्येष्यते च य इमं धर्म्यं संवादमावयोः।
ज्ञानयज्ञेन तेनाहमिष्टः स्यामिति मे मतिः॥70॥

श्रद्धावाननसूयश्च शृणुयादपि यो नरः।
सोऽपि मुक्तः शुभाँल्लोकान्प्राप्नुयात्पुण्यकर्मणाम्॥71॥

क्या तूने एकाग्र चित्त से
श्रवण किया यह?
क्या तेरा अज्ञानजनित संमोह
मिट गया (72)

अर्जुन बोले,
'हे अच्युत,
आपकी कृपा से
मोह मिट गया,
प्राप्त हुई स्मृति,
ज्ञान मिल गया,
गतसंशय मैं खड़ा हुआ हूँ,
वचन आपका अब पालूँगा (73)

इस प्रकार
हे राजन्, मैंने
पार्थ महात्मा-वासुदेव का
अद्भुत-रोमप्रहर्षक यह संवाद सुना है (74)

कच्चिदेतच्छ्रुतं पार्थ त्वयैकाग्रेण चेतसा।
कच्चिदज्ञानसंमोहः प्रनष्टस्ते धनंजय॥72॥

नष्टो मोहः स्मृतिर्लब्धा त्वत्प्रसादान्मयाच्युत।
स्थितोऽस्मि गतसन्देहः करिष्ये वचनं तव॥73॥

इत्यहं वासुदेवस्य पार्थस्य च महात्मनः।
संवादमिममश्रौषमद्भुतं रोमहर्षणम्॥74॥

व्यास-कृपा से,
मैंने यह गुह्यतम योग
साक्षात् कृष्ण योगेश्वर को
निज मुख से कहते
स्वयं सुना है (75)

यह मंगलप्रद, अद्भुत
केशव-अर्जुन का संवाद
याद कर पुनः पुनः,
मैं पुनः पुनः पुलकित होता हूँ (76)

व्यासप्रसादाच्छ्रुतवानेतद्गुह्यमहं परम् ।
योगं योगेश्वरात्कृष्णात्साक्षात्कथयतः स्वयम्॥75॥

राजन्संस्मृत्य संस्मृत्य संवादमिममद्भुतम् ।
केशवार्जुनयोः पुण्य हृष्यामि च मुहुर्मुहुः॥76॥

राजन्, हरि का
वह अति अद्भुत रूप
याद कर बार-बार,
मुझको महान विस्मय होता;
मैं बार-बार पुलकित होता हूँ (77)

जहाँ कृष्ण योगेश्वर,
पार्थ धनुर्धर, नरवर,
वहाँ विजय है,
श्री, विभूति है,
अडिग नीति है,
मेरा मत है (78)

तच्च संस्मृत्य संस्मृत्य रूपमत्यद्भुतं हरेः।
विस्मयो मे महान् राजन्हृष्यामि च पुनः पुनः॥77॥

यत्र योगेश्वरः कृष्णो यत्र पार्थो धनुर्धरः।
तत्र श्रीर्विजयो भूतिर्ध्रुवा नीतिर्मतिर्मम॥78॥

[*इति भगवद्गीता संपूर्ण*]

❑❑❑

राजपाल एण्ड सन्ज़ की स्थापना एक शताब्दी पूर्व 1912 में लाहौर में हुई थी। आरम्भिक दिनों में अधिकतर धार्मिक, सामाजिक और देश-प्रेम की पुस्तकें प्रकाशित होती थीं और हिन्दी के अतिरिक्त अंग्रेज़ी, उर्दू व पंजाबी भाषा में भी पुस्तकें प्रकाशित की जाती थीं।

1947 में भारत-विभाजन के बाद राजपाल एण्ड सन्ज़ को नए सिरे से दिल्ली में स्थापित किया गया और साहित्यिक पुस्तकों के प्रकाशन का आरम्भ हुआ। रामधारी सिंह दिनकर, महादेवी वर्मा, बच्चन, अज्ञेय, शिवानी, आचार्य चतुरसेन, विष्णु प्रभाकर, राजेन्द्र यादव, मोहन राकेश, रांगेय राघव, कमलेश्वर और अन्य साहित्यिक लेखकों की कृतियाँ यहाँ से प्रकाशित होने लगीं। राजपाल एण्ड सन्ज़ से प्रकाशित *मधुशाला, कुरुक्षेत्र, मानस का हंस, आवारा मसीहा, कितने पाकिस्तान, आषाढ़ का एक दिन* जैसी पुस्तकें हिन्दी साहित्य की 'क्लासिक पुस्तकें' मानी जाती हैं और आज भी लोकप्रियता के शिखर पर हैं। भारत के राष्ट्रपतियों और प्रधानमंत्रियों की पुस्तकें प्रकाशित करने का गौरव भी राजपाल एण्ड सन्ज़ को प्राप्त है। नोबेल पुरस्कार से सम्मानित अर्थशास्त्री डॉ. अमर्त्य सेन की सभी पुस्तकों के हिन्दी अनुवाद यहाँ से प्रकाशित हैं। अन्तरराष्ट्रीय चर्चित पुस्तकों के अनुवाद, विश्वविख्यात कोशकार डॉ. हरदेव बाहरी द्वारा सम्पादित 'राजपाल' शब्दकोशों की शृंखला और किशोरों के लिए सैकड़ों पुस्तकें राजपाल एण्ड सन्ज़ से प्रकाशित हुई हैं।

पाठकों के स्वस्थ और सुरुचिपूर्ण मनोरंजन और ज्ञानवर्धन के लिए समर्पित राजपाल एण्ड सन्ज़ से हिन्दी और अंग्रेज़ी में पुस्तकें प्रकाशित होती हैं जो देश के सभी बड़े पुस्तक-विक्रेताओं और विश्व भर के ऑनलाइन विक्रेताओं के यहाँ उपलब्ध हैं।

राजपाल एण्ड सन्ज़

1590 मदरसा रोड, कश्मीरी गेट, दिल्ली-6, फोन: 011-23869812, 23865483
email: sales@rajpalpublishing.com, facebook: facebook.com/rajpalandsons
website: www.rajpalpublishing.com